**O corpo encantado
das ruas**

Luiz Antonio Simas

O corpo encantado das ruas

16ª edição

Rio de Janeiro
2025

Copyright © Luiz Antonio Simas, 2019

CIP-BRASIL. CATALOGAÇÃO NA PUBLICAÇÃO
SINDICATO NACIONAL DOS EDITORES DE LIVROS, RJ

S598c
16. ed.
Simas, Luiz Antonio
O corpo encantado das ruas / Luiz Antonio Simas. – 16. ed. – Rio de Janeiro: Civilização Brasileira, 2025.

ISBN 978-85-200-1392-2

1. Brasil – Religião – Influências africanas. I. Título.

19-56915
CDD: 299.6
CDU: 259.4

Meri Gleice Rodrigues de Souza – Bibliotecária – CRB-7/6439

Todos os direitos reservados. Proibida a reprodução, o armazenamento ou a transmissão de partes deste livro, através de quaisquer meios, sem prévia autorização por escrito.

Texto revisado segundo o novo Acordo Ortográfico da Língua Portuguesa.

Direitos desta edição adquiridos pela
EDITORA CIVILIZAÇÃO BRASILEIRA
Um selo da
EDITORA JOSÉ OLYMPIO LTDA.
Rua Argentina, 171 – Rio de Janeiro, RJ – 20921-380 – Tel.: (21) 2585-2000.

Impresso no Brasil.

Seja um leitor preferencial Record.
Cadastre-se no site www.record.com.br
e receba informações sobre nossos
lançamentos e nossas promoções.

Atendimento e venda direta ao leitor:
sac@record.com.br

As ruas pensam, têm ideias, filosofia e religião.
Como tal, nascem, crescem, mudam de caráter.
E, eventualmente, morrem.

João do Rio, A alma encantadora das ruas

O bar é a chave de qualquer cidade; saber onde
se pode beber cerveja é quanto basta.

Walter Benjamin, Rua de mão única

Ô salve o sol, salve a estrela, salve a lua
Saravá seu Tranca Rua, que é dono
Da gira no meio da rua.

Ponto do Exu Tranca Rua das Almas

SUMÁRIO

1. Padê   9
2. Terreiro de São Sebastião, *okê*   11
3. Legba   15
4. Seu Zé Pelintra   17
5. Marias   21
6. Imaginação percussiva   25
7. Qual é o povo que não bate o seu tambor?   29
8. Guerreiro, *patakuri*!   33
9. Menino no cavalo de Jorge   37
10. Sabores sagrados   41
11. Pássaros urbanos   47
12. Áfricas   49
13. Educação   55
14. O filho do cão   57
15. Pipas   61
16. Palmeira do mangue   65
17. Torcida   69

18. Cidade enfeitada ... 73
19. Do bicho ao bolão ... 77
20. Um assassinato ... 81
21. A arenização da cidade ... 85
22. O ovo de balcão e a sacanagem ... 89
23. Derramei toda a emoção ... 93
24. Fantasias inusitadas ... 97
25. Umbigo do mundo ... 101
26. Azeite de dendê no carnaval ... 105
27. Corpos em disputa ... 109
28. O samba é um desconforto potente ... 113
29. Nas frestas do mundo ... 117
30. Atormentando os poderosos ... 121
31. A cidade vive e arde ... 125
32. Flechas invisíveis ... 129
33. A cidade e as crianças ... 133
34. Flor na fenda ... 137
35. A cidade da Sabina ... 141
36. Que gente é essa? ... 145
37. Dendezeiro e baobá ... 149
38. Batuqueiro ... 153
39. Vem da lua de Luanda ... 157
40. Os rios, o rio ... 161
41. Contra o tiro, a flauta e o fole ... 165
42. O senhor da folha serenada ... 169

Referências bibliográficas ... 173

I. PADÊ

"Elégbára réwà, a sé awo
Bará Olóònòn àwa fún àgò."

(O Dono da Força é bonito, vamos cultuá-lo
Dono do Corpo, Senhor dos Caminhos, nos dê licença.)

— Saudação a Exu

AS RUAS são de Exu em dias de festa e feira, dos malandros e pombagiras quando os homens e mulheres vadeiam e dos Ibêjis quando as crianças brincam.

Tudo começa com o ipadê, o padê de Exu, a cerimônia propiciatória com farofa de dendê, cachaça (*oti*) e cantos rituais, para que Exu traga bom axé para as festas nos terreiros, cumpra seu papel de mensageiro entre o visível e o invisível, chame os orixás e não desarticule, com suas estripulias fundadoras da vida, os ritos da roda, aqueles em que os deuses dançam pelo corpo das iaôs (as filhas de santo). O padê de Exu também pode ser colocado na encruzilhada, lugar em que as ruas se encontram e os corpos da cidade circulam.

O CORPO ENCANTADO DAS RUAS

As ruas de Exu foram também a casa de Mestre Pastinha, o grande nome do jogo da capoeira de estilo angola, e os gramados em que Mané Garrincha driblou e foi driblado pela dor do mundo. O mestre falava sobre a luta-bailado que ela é "mandinga de escravo em ânsia de liberdade; seu princípio não tem método, e seu fim é inconcebível ao mais sábio capoeirista". Mané Garrincha dizia que driblava porque o corpo mandava e a cabeça obedecia. O capoeirista e o jogador de futebol falam de sabedorias corporais. Que o diga o soviético que teve que marcar Garrincha na Copa de 1958 e não entendeu nada.

O filósofo alemão Walter Benjamin falava em escovar a história a contrapelo. A importância de atentar para os fazeres cotidianos como caminho para escutar e compreender as outras vozes, além da perspectiva do fragmento como miniatura capaz de desvelar o mundo, é a chave da desamarração do ponto. Benjamin pensava também sobre a importância de o historiador ter pelo objeto de reflexão o interesse do olhar da criança pelo residual: é a miudeza que vela e desvela a aldeia, as suas ruas e as nossas gentes. O caboclo da Pedra Preta, guia de pai Joãozinho da Gomeia, dizia algo muito parecido nos seus pontos. João do Rio fez isso em suas crônicas. Este livro é oferecido aos três e a todas as entidades encantadas que moram nas esquinas da cidade, como padê arriado no canto da rua.

2. TERREIRO DE SÃO SEBASTIÃO, *OKÊ*

"Naquela estrada de areia
Aonde a lua clareou
Todos caboclos pararam
Para ver a procissão
De São Sebastião."

– Ponto de caboclo

AS RUAS desprezam este tipo de efeméride, mas para os gabinetes oficiais a cidade do Rio de Janeiro comemora aniversário no dia 1º de março. Foi para combater os tupinambás, reunidos na Confederação dos Tamoios, e os desejos franceses de estabelecer uma colônia no território, que Estácio de Sá, sobrinho do governador-geral, criou um arraial no sopé do Pão de Açúcar, em 1565. O episódio é consagrado pela historiografia oficial, cheia de pompas e salamaleques, para comemorar a cidade.

A fundação, em certo sentido, escancara alguns dilemas que marcam os cariocas até hoje: bravos canoeiros, guerreiros

O CORPO ENCANTADO DAS RUAS

entrincheirados nas paliçadas de Uruçumirim (o atual Morro da Glória), os índios resistiram, infernizaram a vida dos colonizadores, foram escravizados, combateram até o fim de suas forças e acabaram relegados ao subterrâneo da história. Quem ficou bem na fita foi Arariboia, o chefe temiminó que se converteu ao catolicismo, aderiu aos portugueses, virou cavaleiro da Ordem de Cristo e recebeu, por ter lutado ao lado dos europeus contra os tamoios, a sesmaria do morro de São Lourenço, origem da cidade de Niterói. No enigma da volta do mundo, são os tupinambás derrotados que descem nas umbandas cariocas para saravar a nossa banda.

Ao drama da caça aos tupinambás, marco fundador do Rio de Janeiro, podemos acrescentar o horror da escuridão dos tumbeiros e mais de trezentos anos de chibata. Estudos recentes indicam que, entre os séculos XVI e XIX, uma em cada cinco pessoas escravizadas no mundo colocou os pés no chão da Guanabara. O vento carioca, que traz em suas asas o brado lancinante dos tamoios, sopra também os zumbidos dos chicotes nas costas lanhadas do povo do Congo e a melancolia de muitos fados.

Eu poderia colocar pimenta no vatapá do mito do carioquismo, louvando o carioca maneiro e descolado, de bem com a vida, sorriso no rosto, Havaianas nos pés e pele curtida de sol. Mas acho que os tempos são propícios também para outras matutações.

É neste sentido que percebo, mirando as cidades que formam a grande cidade, que uma pista para se pensar o Rio é atentar para a relação, aparentemente paradoxal, entre as elites cariocas, o poder público e os pobres da cidade.

TERREIRO DE SÃO SEBASTIÃO, *OKÊ*

Em certo momento crucial para o Rio, aquele da transição entre o trabalho escravo e o trabalho livre e entre a Monarquia e a República, a cidade encarou os pobres como elementos das "classes perigosas" (a expressão foi largamente utilizada em documentos oficiais do período) que maculavam, do ponto de vista da ocupação e reordenação do espaço urbano, o sonho da cidade moderna e cosmopolita.

Ao mesmo tempo, era dessas "classes perigosas" que saíam os trabalhadores urbanos que sustentavam – ao realizar o trabalho braçal que as elites não cogitavam fazer – a viabilidade desse mesmo sonho: operários, empregadas domésticas, seguranças, porteiros, soldados, policiais, feirantes, jornaleiros, mecânicos, coveiros, floristas, caçadores de ratos. Pouca coisa mudou nesse embate disfarçado de cordialidade desde então.

Coloquemos ainda, nesse caldeirão carioca, aqueles que, sobrevivendo, ousaram inventar a vida na fresta, dando o nó no rabo da cascavel e produzindo cultura onde só deveria existir o esforço braçal e a morte silenciosa: capoeiristas, malandros, sambistas, chorões, vendedoras de comida de rua, mães de santo, devotos da Senhora da Penha, centenas de Zés devotos de seu Zé Pelintra, minhotos pobres, alentejanos atrás dos balcões de botequins vagabundos, polacas, marujos, jongueiras, funkeiros, festeiras e quizumbeiros de todos os matizes e lugares.

Para muitos é difícil admitir isso, mas os inventores do que há de mais forte na cidade do Rio de Janeiro não discutiram filosofia nas academias e universidades, não escreveram tratados, não pintaram os quadros do Renascimento, não foram convidados a frequentar bibliotecas, não compuseram sinfonias,

O CORPO ENCANTADO DAS RUAS

não conduziram exércitos em grandes guerras, não redigiram as leis, não fundaram empresas e só frequentaram os salões empedernidos para servir às sinhás.

Os nossos grandes inventores rufaram tambores, chamaram Zambiapungo e Olorum, riscaram o asfalto preenchendo de dança o intervalo entre as marcações do surdo, despacharam as encruzas, subiram o São Carlos e as escadarias da Penha, bradaram revividos em seus santos-cavalos nas matas e cachoeiras, celebraram os mortos na palma da mão.

A cidade, aldeia de flor e faca, pernada e afago, gemido de amor e som de tiro, chibata e baqueta de surdo, incomoda. Desconfio sinceramente dos que acham que ela precisa ser consertada. O Rio de Janeiro precisa de um concerto. Uma letra e está feita a diferença: que a beleza dos nossos instrumentos, em suas múltiplas percepções da vida, possa soar como inclusiva harmonia da gente carioca em sua arte de fazer insistentemente a vida. No chão de aldeia tupinambá virada em cais do Valongo, a morte, convidada de honra que deveria campear soberana na nossa história, insiste, mas morre – sim, a morte morre – na rua.

3. LEGBA

"Papa Legba, ouvre baye pou mwen, agô eh!
Papa Legba, ouvre baye pou mwen."

(Papa Legba, abra o portão para mim, me dê licença!
Papa Legba, abra o portão para mim.)

— Saudação a Legba no Haiti

AS RUAS, encruzilhadas e mercados, para o povo do Daomé, têm a sua divindade: Legba. E não duvidem: Legba veio morar no Brasil e por aqui ficou. Nas "Cartas do Rei de Ardra e do Rei do Daomé para Sua Alteza Real, Documentos dos Arquivos Portugueses que Importam ao Brasil, n. 12", está dito que, em 1804, o rei do Daomé, Adandozam, escreveu uma carta a d. João, príncipe de Portugal, que seria depois o nosso d. João VI. Cito: "Meu adorável mano: há muito tempo que fiz patente ao meu grande deus Legba, que pelos seus grandes poderes, lá no lugar onde habita, que levasse em gosto e louvasse a amizade que eu desejava ter com os portugueses, e juntamente o oferecimento e trato que queria fazer..."

O CORPO ENCANTADO DAS RUAS

Legba aparece nesse trecho da carta de Adandozam em algumas de suas potências mais intensas: o de vodum trançador e traçador de caminhos, dinamizador dadivoso das relações sociais e diplomático afirmador das capacidades humanas de estar nele mesmo e no outro, como dínamo transformador e incessante inventor de existências.

Legba não é o anulador tirânico das diferenças; é o comunicador que possibilita o convívio fecundo entre elas. Gosta de fluxos, é inimigo do conforto e vez por outra desarticula tudo para estabelecer a necessidade de fundar a experiência em bases diferentes.

Ele é a criação incessante e ininterrupta do mundo pela construção permanente de significados para as coisas. É perigoso, já que escapa das limitações do raciocínio conformista que tem pânico do inesperado e não compactua com fórmulas que reduzem a vida a um jogo de cartas marcadas, com desfecho previsível.

Não bastasse isso, Legba é a própria vivacidade. A ausência de Legba é a morte, vista aqui mais como um estado de despotência dos viventes do que como fenômeno biológico; uma impossibilidade de vida. Há mortos muito mais vivos do que os vivos. Há vivos muito mais mortos do que os mortos. Viver é estar disponível para Legba.

Legba é também, sem deixar de ser indivíduo, um ser coletivo (o Agbo-Legba), homem e mulher (Legbayonu e Minona, o secreto maior do feminino). Em suma: mediador entre mundos.

Legba é a potência da transformação encarnada na ação das mulheres e dos homens. Ele é um estado de disponibilidade para transformar o mundo que vive em cada um. Nós somos, em estado de Legba, os que podemos nos conduzir, contra o horror, até os terreiros mais amplos da alegria.

Legba, diz o povo do vodum, mora na rua.

4. SEU ZÉ PELINTRA

"Laroiê, Mojubá, axé,
Salve o povo de fé
Me dê licença.
Eu vou pra rua
Que a lua me chamou
Refletida em meu chapéu
O rei da noite eu sou!"

– Acadêmicos do Salgueiro, 2016

AS RUAS abrigam malandros encantados que quase ninguém vê. Digo isso e penso na minha tia Lita, alagoana radicada no Rio de Janeiro, católica, macumbeira, espírita de mesa e getulista. A tia não via nisso qualquer contradição e tinha em casa um altar com retratos do Sagrado Coração de Jesus, do espírito do dr. Fritz e do papa Paulo VI, além de esculturas da Senhora Aparecida, da cabocla Jurema, de Getúlio Vargas e de seu Zé Pelintra. A coroa dizia que o seu Zé era o protetor no dia a dia.

O CORPO ENCANTADO DAS RUAS

Por falar no protetor cotidiano da minha tia, lembro que no carnaval de 2016 o Salgueiro desfilou com o enredo *A ópera dos malandros*. Comentei o desfile para o rádio e ressaltei a sacada do último carro, que trazia um Zé Pelintra do catimbó (descalço, com a calça dobrada e pitando cachimbo de madeira) e um Zé Pelintra da linha da malandragem da umbanda carioca, com gravata vermelha, sapato bicolor, terno de linho branco S-120 e o escambau. Falei um pouquinho, nos limites de uma transmissão, que seu Zé, cultuado como catimbozeiro no Nordeste, ao chegar ao Rio de Janeiro gostou, parou e ficou na roda dos malandros.

Expliquei, nos limites de uma transmissão ao vivo, que o culto do catimbó abrange um conjunto de atividades místicas que envolvem desde a pajelança indígena até elementos do catolicismo popular; com origem no Nordeste. Tem como seus fundamentos mais gerais a crença no poder da bebida sagrada da Jurema – utilizada nos rituais de cura dos tapuias – e no transe. Os mestres trabalham tomando o corpo dos catimbozeiros.

Os mestres são pessoas que desenvolveram habilidades no uso de ervas curativas. Com a morte, passaram a habitar um dos reinos místicos do Juremá. Lá eles são auxiliados pelos caboclos da Jurema, espíritos de indígenas que conheceram em vida as artes e segredos da guerra e da cura. O Juremá é composto de reinos, aldeias e cidades, como nosso mundo cotidiano. Dependendo da linha do catimbó, há quem trabalhe com cinco ou sete reinos habitados pelos mestres.

Mas quem foi seu Zé Pelintra? Dizem muitas coisas e contam as mais mirabolantes e distintas histórias sobre o homem. Uma delas, aquela que me contaram, refere-se a certo José de Aguiar.

SEU ZÉ PELINTRA

pernambucano nascido na Vila do Cabo de Santo Agostinho. Criado em Afogados da Ingazeira, Aguiar foi morar no Recife, na rua da Amargura, próximo à zona boêmia da cidade. Sofrendo de mal de amor, apaixonado perdidamente por Maria Luziara, Zé teria resolvido percorrer os sertões e praias do Nordeste para esquecer o infortúnio. Bateu perna na Paraíba e em Alagoas. Até hoje os terreiros cantam o desamor e a sua sina: "Na rua da Amargura,/ aonde seu Zé Pelintra morava,/ ele chorava por uma mulher,/ chorava por uma mulher/ que não lhe amava".

Nessa peregrinação, Aguiar foi iniciado nos ritos da jurema sagrada por Mestre Inácio, que conheceu o culto com os caetés. Após se encantar ou morrer (há controvérsias), Zé de Aguiar baixou um dia no juremeiro José Gomes da Silva e disse que era Zé Pelintra, Príncipe da Jurema e Mestre do Chapéu de Couro.

Quando baixa como entidade do catimbó nos terreiros nordestinos, Zé Pelintra se apresenta com bengala e cachimbo, usa camisa comprida branca ou quadriculada e calça branca dobrada nas pernas, com um lenço vermelho no pescoço. Sempre trabalha descalço. Ao chegar ao Rio de Janeiro, trazido pelo translado de inúmeros imigrantes nordestinos atraídos para a cidade – que na primeira metade do século XX era a capital federal –, seu Zé se transformou.

Há quem diga que foi morar na Lapa, farreou à vontade e teria morrido numa briga de faca no morro de Santa Teresa. Abandonou as vestes de mestre da jurema e passou a baixar nos terreiros da Guanabara nos trinques, trajando terno de linho branco, sapatos de cromo, chapéu-panamá e gravata vermelha. Seu Zé se adaptou a uma nova circunstância. A adaptação é a

O CORPO ENCANTADO DAS RUAS

essência mesma da malandragem. A viagem do Pelintra é retratada em um dos seus pontos mais conhecidos: "O Zé, quando vem de Alagoas/ Toma cuidado com o balanço da canoa./ Ô Zé, faça tudo que quiser/ Só não maltrate o amor dessa mulher."

Cultura, encruzilhadas, adaptações, dinamismo, ressignificação, sobrevivência, tradição, invenção, renovação. Tem tudo isso na história do mestre juremeiro transfigurado em Rei dos Malandros. Seu Zé Pelintra é o homem em trânsito permanente, amigo do povo do Brasil, disso fazendo a sua fabulosa odisseia de cura, amor, folia, paixão e redenção arrebatada na rua.

5. MARIAS

"Ganhei uma barraca velha
Foi a cigana que me deu
O que é meu é da cigana
O que é dela não é meu."

— Ponto de pombagira na umbanda

AS RUAS são aconchegantes para as pombagiras. Uma das energias do poder das ruas nas culturas centro-africanas é o inquice Bombogira. Para estudiosos dos cultos bantos, Bombogira é o lado feminino de Aluvaiá, o dono das encruzilhadas, similar ao Exu iorubá e ao vodum Elegbara, dos fons. Em quimbundo, *pambu-a-njila* é a expressão que designa o cruzamento dos caminhos, as encruzilhadas. *Mbombo*, no quicongo, é "portão". Os portões, quem é do santo sabe, são controlados por Exu. Bombogira, Pambu-a-njila, Pombagira: as ruas, a encruzilhada, as porteiras, a diáspora, o mundo.

As encruzilhadas religiosas em que nasceram as pombagiras – e se encontraram as várias culturas de origens africanas,

O CORPO ENCANTADO DAS RUAS

ritos ameríndios, tradições europeias e vertentes do catolicismo popular – dinamizaram no Brasil uma vasta gama de práticas espirituais fundamentadas na possibilidade de interação com ancestrais, encantados e espíritos através do corpo em transe.

As encruzilhadas falam ainda de um modo de relacionamento com o real ancorado na crença em uma energia vital que reside em cada um, na coletividade, em objetos sagrados, alimentos, elementos da natureza, práticas rituais, na sacralização do corpo pela dança, e no diálogo do corpo com o tambor.

A pombagira é resultado do encontro entre a força vital do poder das ruas que se cruzam, presente no inquice dos bantos, e a trajetória performática de encantadas ou espíritos de mulheres que viveram a rua de diversas maneiras (a corte das pombagiras é vastíssima), tiveram grandes amores e expressaram a energia vital através de uma sensualidade aflorada e livre. O corpo pecador não faz o menor sentido para as donas da rua, muitas delas Marias: Maria Padilha, Maria Molambo, Maria Navalha, Maria do Porto, Maria Quitéria...

A energia pulsante das entidades cruzadas, como se o domínio delas já não fosse as encruzilhadas, é libertadora, mas nunca descontrolada. Ela é sempre controlada pela própria potência do poder feminino e se manifesta em uma marcante característica da entidade: a pombagira é senhora dos seus desejos e manifesta isso em uma corporeidade gingada, sedutora, sincopada, desafiadora do padrão normativo.

Visões moralistas da pombagira – a mulher que sofreu, se prostituiu e está entre nós para pagar seu carma – ou visões que operam no campo da doença e ligam o comportamento das encantadas das ruas aos desatinos da histeria (que Hipócrates julgava ser um problema exclusivamente feminino e originado no útero) derivam de um duplo preconceito. O primeiro é contra os desconcertantes fundamentos das entidades angolo--congolesas; o segundo é contra a mulher que se expressa pela liberdade dos corpos que giram livremente sem perder o prumo.

Não vou entrar no mérito das funções das pombagiras do ponto de vista litúrgico das curas espirituais, redenções, magias e outros atributos dessas entidades. As Marias das ruas sabem trabalhar. Quero apenas ressaltar que a mistura entre os fundamentos cruzados das potências de Exu, Aluvaiá, Bombogira e a possibilidade de a mulher ser a senhora da sua sexualidade, controlando o corpo no aparente descontrole (para os padrões ocidentais), são demais para nossos estreitos critérios normativos. Pombagira é a mulher de sete maridos porque quer ser, como diz um ponto da entidade.

Fica a dica: pensemos nisso antes de vincular a pombagira, na maioria das vezes com humor, ao imaginário das mulheres descontroladas, possuídas por forças malignas ou em aparente ataque de nervos.

Minha desconfiança é a de que a nossa sociedade tem muito medo da junção entre a potência de Aluvaiá e o poder da mulher sobre o próprio corpo. Nosso racismo epistêmico, que muitas vezes se manifesta em curiosa simpatia pela "macumba", no fundo não reconhece esses saberes como sofisticados e libertadores, mas apenas como peculiares e folclorizantes.

O CORPO ENCANTADO DAS RUAS

Bombogira, pombagira, sabe exatamente o que faz com o corpo: tudo aquilo que quiser fazer. Nós, que na maioria das vezes somos ensinados a ver no corpo o signo do pecado, é que não temos a mais vaga ideia sobre como lidar com ele. As pombagiras gargalham para as nossas limitações, enquanto dançam na rua.

6. IMAGINAÇÃO PERCUSSIVA

"Lá vem a bateria da Mocidade Independente
Não existe mais quente
Não existe mais quente
É o festival do povo
É a alegria da cidade
Salve a Mocidade!
Salve a Mocidade!"

– "Salve a Mocidade", Luiz Reis

AS RUAS são de Exu, o morador das encruzilhadas, lugar em que não há fixidez. Mas Exu não mora só na encruza: ele tem a artimanha também de morar no som de um assovio ou nos desenhos de um surdo de terceira no meio da bateria de uma escola de samba.

A cultura do samba, baseada na oralidade, relata que o surdo de terceira foi inventado por Sebastião Esteves, o Tião Miquimba, discípulo de Mestre André na bateria da Mocidade Independente de Padre Miguel. Contam que Miquimba, numa

O CORPO ENCANTADO DAS RUAS

noite em que os surdos de pergunta e resposta não estavam presentes a um ensaio da bateria, pegou um surdo e começou a tentar marcar o compasso binário e, ao mesmo tempo, intercalar batidas entre um tempo e outro. Mestre André gostou e mandou fazer um surdo mais agudo e menor que os dois tradicionais. O novo instrumento passaria a desenhar batidas inusitadas entre as marcações regulares. Em entrevistas, Miquimba usou a expressão "imaginação percussiva" para explicar o babado.

Nada mais distante da "imaginação percussiva" que a vida que andamos levando, enjaulados em hospícios de concreto, desencantados do mundo, condecorados com tarjas pretas. Parecemos eufóricos desmedidos ou silenciosos deslocados. Educados na lógica normativa, somos incapazes de atentar para culturas que subvertem ritmos, rompem constâncias, acham soluções imprevisíveis e criam maneiras de preencher o vazio. Estamos morrendo prenhes de ódios e razões.

Acinzentou no Brasil. Como verdejar dinâmicas novas, saindo do conforto dos sofás em que morreremos tristes e conscientes da nossa falida superioridade? Precisamos morar na encruzilhada da alteridade como mecanismo de compreensão e vivência compartilhada de mundo, com a ousadia dos surdos de terceira em baterias de escolas de samba.

Ando matutando faz tempo, em minhas desconfianças a respeito do que chamo de "gramática dos tambores", sobre a possibilidade de os surdos das baterias sugerirem um arretado campo de vivências e elaboração de conceitos que desamarrem o mundo. A função do surdo é fazer a marcação do tempo. O samba é um ritmo de compasso binário. O surdo de marcação

26

IMAGINAÇÃO PERCUSSIVA

é um tambor grave que marca a referência do tempo da batida para os ritmistas de toda a bateria. O surdo de segunda, menos grave que o de marcação, responde a ele, batendo o primeiro tempo do ritmo. É só escutar as batidas regulares do coração para saber do que se trata.

O surdo de terceira é exatamente aquele que, mais agudo que os outros dois, preenche o vazio que existe entre as marcações. Ao contrário da previsibilidade dos outros, o de terceira desenha um ritmo cheio de síncopes, quebrando a sensação de normalidade da conversa entre o surdo de marcação e o surdo de resposta. O surdo de terceira, retomo o primeiro parágrafo, ocupa por isso mesmo o papel de Exu na cosmogonia iorubá, de Aluvaiá entre os congos e de Legba entre os fons: ele brinca com o que é previsível, desnorteia, faz o inusitado.

O mito da criação do surdo de terceira por seu Miquimba – e aqui vale mais, como nas culturas orais, o sentido do que é relatado do que o rigor factual – é dos mais pertinentes para se pensar as culturas de fresta; aquelas que driblam o padrão normativo e canônico e insinuam respostas inusitadas para sobreviver no meio que normalmente não as acolheria. O surdo de terceira inventa a vida no desconforto, na precariedade, no perrengue de ter que preencher o vazio com o som que chama o transe dos corpos que sambam.

Temos cada vez mais a necessidade de ousar olhares originais contra a tendência de normatização, unificação e planificação dos modos de ser das mulheres e dos homens no mundo. Nossa tarefa brasileira é a de superar a exclusão e, ao mesmo tempo, a ideia da missão civilizadora que insiste exclusivamente nos

O CORPO ENCANTADO DAS RUAS

padrões de representatividade, consumo e educação engessados pelo cânone. De um lado, é a morte física. Do outro, a morte simbólica da inclusão normativa, domesticada e impotente. Precisamos de surdos de terceira que surpreendam o padrão consolidado.

A criação do surdo de terceira deveria ser ensinada nas escolas. O problema é que somos educados não apenas para ignorar, mas para desprezar as culturas de síncope, aquelas que subvertem ritmos, rompem constâncias, acham soluções imprevisíveis e criam maneiras imaginativas de se preencher o vazio do som e da vida com corpos e cantos.

Tião Miquimba e Mestre André, intelectuais do Brasil que sobreviveu aos tumbeiros e fez da chibata de surrar o lombo a baqueta que bate no couro, deram o recado: precisamos viver na batida, que brinca e desconforta, de um surdo de terceira subvertendo o vazio no baque solto da rua.

7. QUAL É O POVO QUE NÃO BATE O SEU TAMBOR?

"Tambor, tambor,
Vai buscar quem mora longe!
Vai buscar quem mora longe!"

– Ponto de caboclo

AS RUAS têm sonoridades. Entreguem um tamborzinho no meio de uma praça para uma criança e ela provavelmente vai batucar. Em diversas culturas os tambores contam histórias, ampliam os horizontes da vida e têm gramáticas próprias, que muitas vezes expressam o que a palavra não alcança.

Nas religiosidades brasileiras de matrizes afro-ameríndias, tocadores dos tambores rituais são educados nos saberes da percussão para aprender os toques adequados para cada divindade. Há uma sofisticada pedagogia do tambor, feita dos silêncios das falas e da resposta do corpo, fundamentada nas maneiras de ler o mundo sugeridas pelos mitos primordiais.

O CORPO ENCANTADO DAS RUAS

A historiografia das escolas de samba registra que as agremiações, durante boa parte da trajetória, contaram no enredo a história oficial. A afirmação procede se atentarmos apenas para a dramatização dos enredos e letras dos sambas. As baterias, todavia, diziam outra coisa, elaboravam outros relatos, perceptíveis para aqueles que conheciam as histórias que os tambores contavam.

A caixa de guerra, um tambor com uma membrana superior e outra inferior, é um instrumento que dá constância rítmica ao conjunto de uma bateria, além de sustentar o andamento do samba. O toque das caixas, na maioria das vezes, identifica as orquestras de percussão das agremiações e em vários casos fundamenta-se na batida dos deuses. O toque de Oxóssi (o aguerê) marca a bateria da Mocidade Independente de Padre Miguel, por exemplo. O Salgueiro, com as caixas posicionadas no alto, apresenta um toque mais próximo da levada do pandeiro do partido-alto (característica também da Estácio e da Unidos da Tijuca). Os exemplos são variados e as diferenças, fascinantes.

Quem apenas conhece a gramática das letras vai escutar um samba da Mocidade e identificar o enredo proposto. Quem aprendeu o tambor escutará a louvação aos orixás caçadores sintetizados nos mitos de Oxóssi e no toque do aguerê. Enquanto as fantasias, alegorias e a letra do samba evocam uma história qualquer, a bateria evoca a astúcia do caçador que conhece os atalhos da floresta.

O toque de caixa da bateria da Mangueira é um manancial de referências capaz de amalgamar a pegada das caixas das folias de reis – cortejos populares no morro da Mangueira, que

QUAL É O POVO QUE NÃO BATE O SEU TAMBOR?

saúdam os três reis magos do oriente no encerramento do ciclo das festas do Natal – e o Ilú, toque consagrado a Oyá/Iansã, a senhora dos relâmpagos e ventanias, nas casas de candomblé.

Quando em 2016 a Mangueira desfilou com o enredo "A menina dos olhos de Oyá", em homenagem a Maria Bethânia e cheio de referências à Iansã, me perguntaram se aquela era a primeira vez que a Estação Primeira falava da orixá dos ventos nos desfiles. Respondi que do ponto de vista das gramáticas normativas podia até ser. Do ponto de vista das gramáticas dos tambores, os ritmistas da Mangueira contam as histórias das grandes ventanias de Oyá desde a década de 1930.

Recentemente, em 2018, um detalhe me emocionou especialmente no sambódromo: a bateria do Império da Tijuca veio tocando em alguns trechos do samba um ritmo chamado Opanijé. O enredo era sobre o Olubajé, uma festa dedicada ao orixá Omolu, o Senhor da doença e do poder da cura. O Opanijé é toque consagrado a Omolu nos terreiros de candomblé. A bateria saudava o orixá no seguinte trecho do samba:

> Eu quero ver Omolu dançar
> No Opanijé com o seu xaxará
> Tem pipoca no alguidar, mandingueiro
> Sinfonia imperial chegou no terreiro...

Na hora em que escutei, falei para o escritor e amigo Alberto Mussa, que assistia ao desfile ao meu lado e conhece os toques para os orixás: "Mussa, os caras vão bater o Opanijé a avenida inteira!"

O CORPO ENCANTADO DAS RUAS

Para quem não conhece o Opanijé, o fato passou desapercebido ou pareceu só uma bossa da bateria. Está longe disso. Para a turma do Morro da Formiga – a comunidade da escola – versada na gramática dos tambores, foi a evocação mais forte, o discurso mais bonito, da noite dos desfiles. Vendo as alas, dava para sacar quem era do candomblé. Alguns componentes, no toque do Opanijé, faziam a dança sagrada de Omolu, o Rei da Terra.

Isso aconteceu porque escolas de samba e terreiros são, em larga medida, extensões de uma mesma coisa: instituições associativas de invenção, construção, dinamização e manutenção de identidades comunitárias, redefinidas no Brasil a partir da fragmentação que a diáspora negreira impôs. O tambor é talvez a ponte mais sólida entre o terreiro e a avenida.

Há no idioma dos tambores um potencial educativo vigoroso de elucidação dos mundos e interpretação da vida. É sempre tempo de reconhecer e estudar as possibilidades didáticas que os atabaques tiveram na formação das crianças de terreiro e escolas de samba. As agremiações e suas baterias precisam ter consciência da dimensão civilizatória que as escolas de samba tiveram um dia. Que voltem a ter e reassumam a condição cotidiana de educar para a liberdade.

Os tambores formaram mais gente do que os nossos olhares e ouvidos, acostumados apenas aos saberes normativos que se cristalizam nas pedagogias oficiais, imaginam. Quem manda ignorar a rua?

8. GUERREIRO, *PATAKURI*

"Na porta da Romaria
Eu vi um cavaleiro de ronda
Trazia um escudo no braço
E uma lança na mão –
Guerreou, venceu a guerra, matou o dragão!"

– Ponto de Ogum

AS RUAS no mês de abril celebram, no dia 23, uma data simbólica dos encontros que deram ao Rio de Janeiro um caldo de cultura capaz de restaurar, em tempos difíceis, a fé na vida. É o dia do nascimento de Pixinguinha, e por isso mesmo o Dia Nacional do Choro. É ainda o dia da cerveja alemã (a Lei da Pureza, do duque da Baviera, é de 23 de abril de 1516), da festa de São Jorge e, no norte europeu, da celebração de Sigurd, o grande caçador de dragões da saga islandesa dos volsungos.

A *Legenda áurea*, coletânea de relatos sobre a vida dos santos organizada por Jacopo de Varazze, arcebispo de Gênova no século XIII, apresenta a versão mais famosa sobre a imagem de São

O CORPO ENCANTADO DAS RUAS

Jorge matando o dragão. Diz a legenda que um dragão monstruoso vivia perto das muralhas de Lida. A ele eram oferecidos animais. Um dia os rebanhos acabaram, e foi combinado que, por sorteio, fosse sacrificado um habitante da cidade ao bicho. A sorteada foi a filha do rei. Quando a moça já estava prestes a ser devorada, São Jorge apareceu, dominou o dragão com a sua lança, amarrou a besta e a conduziu à cidade. Prometeu acabar de vez com a fera, contanto que o povo de Lida abraçasse o cristianismo.

Na disputa entre o paganismo e o cristianismo na Europa, é possível que os atributos de Sigurd, o caçador nórdico de dragões, tenham sido amalgamados aos de São Jorge: a espada do guerreiro das terras frias foi incorporada ao mártir cristão. O dragão da cobiça e da traição, combatido por Sigurd, virou, nas encruzilhadas em que a vida acontece, o dragão da falsa idolatria combatido por Jorge da Capadócia. No calendário cristão, a celebração de Jorge é feita no dia da celebração do guerreiro volsungo.

Por aí dá para ter uma ideia de como é fascinante ver no Rio de Janeiro a imagem de São Jorge, cruzada na Europa entre a Capadócia e as terras geladas, conduzida em carreata pelo povo do Império Serrano. A imagem sai da quadra da escola, em Madureira, passa pela paróquia do santo, em Quintino, atravessa os bairros próximos e retorna à quadra no fim do dia.

São Jorge é por aqui o protetor dos apontadores do jogo do bicho, abençoa rodas de samba, puteiros e balcões de botequins, trafega pelos trilhos dos trens suburbanos, povoa o imaginário das luas cheias e derrota os perrengues daqueles que matam, diariamente, os dragões cotidianos para sobreviver e festejar.

GUERREIRO, *PATAKURI*!

Sigurd virou São Jorge, que virou Ogum nas umbandas. Guerreiro nórdico, santo cristão, orixá ao qual se oferece cerveja. Para apimentar mais a encruzilhada, lembro que o *Kalevala* – a epopeia nacional finlandesa que conta as façanhas do bardo Väinämöinen e do ferreiro Ilmarinem, aquele que, como o Ogum africano, ensinou os homens a fazer na forja o arado e os instrumentos de guerra – tem mais recitativos sobre a origem da cerveja do que sobre a origem da humanidade.

A cultura é o território da beleza, da sofisticação e do encontro entre gentes. Sigurd matou o dragão que São Jorge matou de novo, com a espada feita na forja de Ogum, parecida com a forja de Ilmarinem, para que todos acabassem aos pés do altar, batendo tambor e ouvindo um choro de Pixinguinha. De preferência tomando a cerveja do duque da Baviera e do santo guerreiro, Jorge do mundo, no terreiro e na rua.

9. MENINO NO CAVALO DE JORGE

"Cosme e Damião
Damião, cadê Doum?
Doum foi passear
No cavalo de Ogum."

– Ponto de Cosme e Damião

AS RUAS, igrejas e terreiros são espaços de devoção a São Cosme e São Damião. A celebração dos médicos gêmeos, martirizados por Diocleciano nos cafundós do século IV, é marcada pela circulação entre os ritos do cristianismo popular, as múltiplas Áfricas e as encantarias indígenas. É a festa de sabores e saberes que se encontram para inventar certo Brasil generoso; aquele que desafia o Brasil tacanho, intransigente, fundamentalista e boçal que cotidianamente mostra os dentes com a fúria de uma vara de javalis.

A celebração de Cosme e Damião dos meus tempos de menino era marcada pelo ritual da distribuição de doces. Minha avó, como pagamento de promessa, distribuía no Jardim Nova

O CORPO ENCANTADO DAS RUAS

Era, em Nova Iguaçu, centenas de saquinhos para a meninada. Uma semana antes da festa, a coisa já esquentava com a distribuição dos cartões que dariam direito aos saquinhos. O meu avô carimbava meticulosamente os cartões numerados com a imagem dos santos, o endereço e a data certinha da distribuição. A turma só faltava sair no cacete com golpes e voadoras de telecatch para conseguir um deles.

Os saquinhos da avó vinham com *cocô de rato*, suspiro, maria-mole, cocada, doce de abóbora, pirulito, pé de moleque, paçoca, mariola, jujubas e balas. Eles hoje levariam ao desespero os adeptos dos saquinhos descolados, saudáveis e um tiquinho tristes. Para ensacar tudo, fazíamos linha de montagem, com os doces organizados em esteiras e os saquinhos passando de mão em mão. *Dar o migué* e mandar alguns para o bucho era parte de um rito que periga desaparecer. A última moda agora é a da turma que compra saquinhos prontos; aqueles que poupam o tempo, mas matam a sociabilidade da preparação dos mimos e ignoram o sagrado ato de encher os saquinhos com as próprias mãos.

Há quem ache que o hábito da distribuição de doces de Cosme e Damião foi para o beleléu. Não é isso que vejo na Zona Norte do Rio de Janeiro. Ainda que a coisa ande feia para a turma chegada à festa, por aqui é possível ver uma meninada driblando a cidade cada vez mais projetada para os carros, as restrições do bonde da aleluia, que saturniza os doces, e cruzar com gente pagando promessa e distribuindo saquinhos.

Os terreiros de umbanda, mesmo sob risco de ataque dos fanáticos, continuam fazendo as suas giras para Dois-Dois.

MENINO NO CAVALO DE JORGE

A igreja dedicada aos gêmeos, no Andaraí, fica parecendo até quintal em dia de samba de roda: é alegria na veia.

Faz parte também dos fuzuês a tradição do caruru dos meninos. O caruru, prato de origem indígena que se africanizou no Brasil e abrasileirou-se nas Áfricas, é ofertado entre nós largamente no dia de Cosme e Damião (o costume é popularíssimo na Bahia) e encontra vínculo simbólico com o ecuru (bolinho de feijão), a comida ofertada a Ibêji, orixá que protege os gêmeos nos candomblés. Manda o preceito que o caruru seja inicialmente distribuído a sete crianças, representando Cosme e Damião e os irmãozinhos que eles ganharam por obra e graça da tradição popular: Doum, Alabá, Crispim, Crispiniano e Talabi.

Lambuzado das recordações da meninice, me confesso especialmente fascinado pela presença de um pequeno intruso entre os gêmeos: Doum, aquele que nos terreiros de umbanda passeia no cavalo de Ogum e nas estátuas dos santos vendidas no Mercadão de Madureira aparece entre os mais velhos, vestido como eles.

Vigora entre os iorubás tradicionais a crença de que a mãe de gêmeos que não tenha em seguida um novo filho pode endoidar. O filho que nasce depois dos gêmeos é chamado sempre de Idowu (de etimologia incerta). Vivaldo da Costa Lima, em ensaio sobre o assunto ("Cosme e Damião: O culto aos santos gêmeos no Brasil e na África"), sugere que o nome talvez venha de *owú*; ciúme, em iorubá. Idowu seria, por hipótese, o pestinha com ciúmes dos irmãos mais velhos. Virou Doum no Brasil; o irmãozinho de Damião e Cosme.

O CORPO ENCANTADO DAS RUAS

O encontro entre o orixá Ibeji e os santos médicos cristãos é um golaço marcado nas encruzilhadas bonitas da vida. Doum é a *crioulidade* como empreendimento de invenção do mundo transgredindo o precário; ele é o menino de um Brasil possível.

Encantado nas esquinas suburbanas, guri descalço na garupa do cavalo de São Jorge, é a Doum que certo Brasil oficial, pensado como um projeto de desencantamento da vida pela domesticação dos corpos nas cidades-dormitórios e nos currais das celebridades, parece querer matar. Não conseguirá. Ninguém há de matar um protegido pela força de São Cosme e São Damião em seu galope vadio de passeador: Doum é o Brasil moleque em um alazão na rua.

10. SABORES SAGRADOS

"Pra Exu e Pombagira
Tem marafo e dendê
Muitas flores e pipocas
Para Obaluaê
A Oxumaré
Creme de arroz e milho
Pra Iansã, o acarajé
Pai Oxalá, nosso canto de fé
Tem amalá pra Xangô
Lá na pedreira
Tem caruru pros erês
Tem brincadeiras."

— Unidos da Ponte, 1984

AS RUAS comem quando a farofa do padê de Exu é arriada. Nos rituais afro-brasileiros, afinal, a comida é compartilhada entre os homens, os deuses e o ambiente em que eles vivem. A comida é portadora de energia e está presente em praticamente

O CORPO ENCANTADO DAS RUAS

todas as atividades ritualísticas. Se o alimento certo fortalece o corpo e o espírito, o alimento errado age no sentido contrário.

O ato de dividir alimentos com as divindades está presente em várias culturas e é parte constitutiva de importantes religiões. Ele manifesta-se no Brasil com especial força nos candomblés. Tal prática, um dos fundamentos litúrgicos mais significativos do culto aos orixás, há muito ultrapassou os limites dos terreiros rituais e rompeu as fronteiras entre o sagrado e o profano – que para essas religiosidades não são dimensões antagônicas. A comida de santo chegou às mesas com força suficiente para marcar a nossa culinária cotidiana e temperar de sabores a cozinha brasileira.

Uma lista simples com alguns alimentos e temperos ofertados aos orixás pode exemplificar melhor isso: abará, caruru, pipoca, canjica branca, axoxô (prato feito com milho vermelho e lascas de coco), feijoada, acaçá, omolocum (iguaria preparada com feijão-fradinho e ovos), acarajé, farofa, inhame, dendê, cará, pimenta, camarão seco, mel de abelhas, frutas diversas etc.

Para se compreender melhor a importância dos alimentos nos rituais, é necessário entender o significado do axé para os seus praticantes. O axé é a energia vital que está presente em todas as coisas e pessoas. Para que tudo funcione a contento, a energia do axé deve ser constantemente potencializada. Nada acontece sem a reposição da energia, em um mundo dinâmico e sujeito a constantes modificações. Uma das formas mais eficazes de dinamizar o axé em benefício da vida é dando comida às divindades, que por sua vez retribuem a oferenda propiciando benefícios aos que ofertaram.

Cada divindade tem suas características, que em larga medida se expressam na personalidade de cada um de nós, os seus

SABORES SAGRADOS

filhos, e encontram correspondência nos elementos da natureza; o vento, o fogo, a água, a terra etc. Nesse contexto, um alimento que dinamiza a energia de um orixá pode, ao mesmo tempo, representar a perda de energia se for oferecido a outro.

As comidas de Oxalá, por exemplo, não levam azeite de dendê e a ele não se oferecem bebidas destiladas; elementos que não se coadunam com a energia do orixá devem ser evitados pelos seus filhos. Essas restrições são observadas a partir de uma série de mitos primordiais sobre Oxalá que apontam o dendê e o álcool como desestabilizadores da energia vital de seus iniciados. As comidas de Ogum, por sua vez, podem perfeitamente levar azeite de dendê, que para esse orixá é um elemento dinamizador da força vital. Conhecer e saber fazer a comida certa para determinada divindade é, portanto, fundamental.

Como o candomblé é uma religião iniciática e baseada na hierarquia, a preparação da comida deve ficar a cargo de uma sacerdotisa preparada especialmente para essa função, a iabassê (a matriarca que cozinha). Tal cargo é exclusivamente feminino. Cabe a essa sacerdotisa conhecer as técnicas de preparo de cada comida, saber os alimentos certos e os vetados para cada orixá.

A cozinha em que os alimentos são preparados é um espaço ritual da maior relevância, minuciosamente sacralizado. Não são apenas os objetos utilizados – normalmente separados para preparar apenas as comidas de santo – que marcam essa sacralidade. A faca ou a colher de pau que caem no chão durante o preparo, a louça que quebra, o sal involuntariamente derramado são sinais que indicam os rumos da preparação da comida, capazes de determinar que tudo deve ser refeito em bases diferentes. Em

O CORPO ENCANTADO DAS RUAS

uma religião em que o saber é transmitido oralmente, a cozinha é também um espaço para a contação de histórias, a lembrança dos mitos e a transmissão das lições de ancestralidade.

Podemos estabelecer, inclusive, uma comparação entre as funções das comidas e dos atabaques nos rituais. Os atabaques conversam o tempo inteiro. Cada toque guarda um determinado discurso, passa determinada mensagem, conta alguma história. O ogã (cargo iniciático masculino) tocador dos tambores precisa conhecer o toque adequado para cada divindade. Assim como há particularidade com a comida, o ritmo propiciador do transe para um orixá pode ser também o que afasta a energia de outro naquele determinado momento.

Uma importante função da comida também é a de promover a integração entre a comunidade dos terreiros e o público externo. Numa religião marcada fortemente pelo segredo e pelos ritos fechados, apenas aos iniciados, o xirê (a festa pública) é o momento em que os orixás baixam no corpo das iaôs, para representar – através das danças, dos trajes e emblemas – passagens de sua trajetória mítica. Através da representação dramática, as histórias dos orixás são contadas, a comunidade se recorda do mito e dele tira um determinado modelo de conduta.

Todas as festas públicas, geralmente, se encerram com farta distribuição das comidas sagradas para os presentes, em ampla comunhão que busca fortalecer o axé da coletividade e de todos os que se dispuseram, adeptos ou não da religião, a comparecer ao festejo.

Uma das questões mais interessantes nos estudos sobre as religiões afro-brasileiras e as comidas de santo é investigar as

SABORES SAGRADOS

maneiras como, no Brasil, a culinária religiosa de base africana se adaptou, se transformou e se apropriou dos sabores locais, adequando-os aos fundamentos da cozinha sagrada. O jogo é de mão dupla: receitas de comidas sagradas saíram das mesas rituais para as mesas de casas e restaurantes. Receitas saídas do nosso cotidiano, por sua vez, chegaram, dotadas de novos sentidos e significados, às cozinhas dos terreiros.

A feijoada é exemplar nesse caso. Historiadores especializados na história da culinária indicam que a tradição de pratos que misturam tipos diferentes de carnes, legumes e verduras é milenar. O cozido português e o *cassoulet* francês partem deste fundamento de preparo. O feijão-preto, por sua vez, é originário da América do Sul. De uso bastante conhecido, por exemplo, pelos guaranis, seu cultivo disseminou-se pela África e Ásia a partir dos navegadores europeus que chegaram ao Novo Mundo. A farinha de mandioca também é de origem americana e fez percurso similar.

Controvérsias à parte, o fato é que a feijoada se desenvolveu no Brasil como um prato cotidiano que chegou aos terreiros e passou a ser ofertado a Ogum, divindade do ferro, da guerra e das tecnologias. A feijoada de Ogum é normalmente acompanhada de cerveja, bebida vinculada ao orixá.

O mesmo pode ser dito sobre o milho, um cereal hoje cultivado em boa parte do mundo, que, segundo especialistas, tem origem americana. Inúmeros povos nativos da América – como os asteca, tolteca, maia – atribuíam ao milho origem divina. Os mitos envolvendo o milho o vinculam diretamente à própria criação dos homens.

O CORPO ENCANTADO DAS RUAS

Dando a volta pelo mundo, o milho americano foi apropriado por inúmeras culturas e sacralizado por muitas delas. Ele é hoje base de alimentos importantíssimos da culinária dos candomblés. Está presente no axoxô de Oxóssi, na pipoca de Obaluaiê, na canjica de Oxalá e nos alimentos de Ossain, entre outros.

Conversando certa feita com uma iabassê sobre a feijoada de Ogum, ela afirmou que todo alimento pode ser ofertado às divindades, bastando o conhecimento sobre as comidas e temperos que se coadunam melhor com algumas energias. A diferença entre a nossa feijoada de cada dia e a feijoada consagrada nos terreiros está, sobretudo, no modo de preparação; repleto de minúcias e evocações ao orixá.

Não há, portanto, como se tentar estabelecer uma fronteira rígida entre o sagrado e o profano que não seja constantemente reelaborada e readequada pelos contatos entre os povos e as circunstâncias de suas histórias. Os adeptos do candomblé, afinal, costumam dizer que Exu, o orixá do movimento, é o senhor da boca que tudo come. Qualquer alimento humano, mediante a evocação por gestos e palavras, pode ser consagrado e ofertado a ele.

Este texto deveria ter começado com Exu, o princípio de tudo. Termina reparando o vacilo e rendendo-lhe reconhecimento para dizer que na mesa de santo o profano pode ser sacralizado; como dinâmica que potencializa e redefine a tradição, sem negá-la, e permite que os cultos afro-brasileiros continuem profundamente vivos entre nós. Qualquer alimento pode ser portador do axé; basta que seja preparado por mãos sábias, oferecido às bocas certas e, primeiramente, ao dono da rua.

11. PÁSSAROS URBANOS

> "Canta um ponto bem bonito
> Que o corpo quer dançar
> E a dança dessa moça
> Faz a rua se encantar."
>
> – Ponto de d. Maria Molambo

AS RUAS da cidade do Rio de Janeiro sempre foram terreiros de encontros improváveis: São Sebastião, Oxóssi, Ogum, São Jorge, escrava Anastácia, Nossa Senhora da Penha, seu Zé Pelintra, d. Maria Molambo, Garrincha (é uma entidade e estamos conversados), cabocla Jurema, vovó Maria Conga, São Longuinho, seu Sete Encruzilhadas, Cosme e Damião, o velho Maracanã (é entidade também), São Brás, Santa Luzia e Iemanjá dançam na mesma gira.

O poder transformador da rua está na alteridade da fala. Língua do Congo, jaculatória de rezadeira, lamento de carpideira, canto nagô, folia dos reis do Oriente, baticum de bugre, pandeiro cigano, flecha zunindo: samba. Tudo isso aprendi no

O CORPO ENCANTADO DAS RUAS

Rio de Janeiro, aldeia que conheci aberta ao encontro entre as múltiplas formas de celebrar o mistério como espaço de encantação da vida.

Há um epistemicídio em curso na cidade. É isso aí mesmo: assistimos ao processo de destruição dos saberes, práticas, modos de vida, visões de mundo, das culturas que não se enquadram no padrão canônico. Relegadas ao campo da barbárie, ou acolhidas como pitorescas ou folclóricas, elas são desqualificadas em nome da impressão de que o hemisfério norte representa o ápice civilizatório da humanidade e de que a história humana só pode ser contada a partir dos marcos e códigos que o Ocidente produziu.

Cada ataque lançado contra as culturas das ruas do Rio de Janeiro é um tijolo a mais no edifício de uma catástrofe civilizatória. Não podemos silenciar sobre ela. Tirem da cidade o complexo de saberes sofisticados das ruas que nos forjaram; silenciem os batuques que ressoaram nas noites de desassossego, afagaram as almas e libertaram os corpos, e o que sobrará? Corpos sem nomes, disciplinados para o trabalho, aprisionados, fichados, adoecidos, amontoados, desencantados. Corpos mortos em vida numa cidade em que os mortos vivem e dançam como ancestrais.

Esqueçam a fábula da Cidade Maravilhosa. A história do Rio de Janeiro é a de uma cidade à beira do precipício que aprendeu a voar para driblar o abismo. Ela não pode ser esvaziada da pulsão de vida que escarra na cara do precário e zomba da morte ao celebrar o mundo. Por isso, o que de longe parece minhoca que rasteja, de perto pode ser um pássaro da rua.

12. ÁFRICAS

"Ele veio de longe
Do outro lado do mar
Ele veio de longe
Mas trouxe a terra pra cá."

– Ponto de preto velho

AS RUAS que circundavam a praça Onze de Junho – o nome homenageia o dia da vitória brasileira na Batalha do Riachuelo, na Guerra do Paraguai – e a região portuária da cidade eram como uma África fincada no coração de um Rio de Janeiro tensionado pelo sonho cosmopolita de suas elites. Essa ideia é consagrada não só no imaginário popular como também na produção literária e historiográfica sobre a cidade. O apelido de "berço do samba", tantas vezes usado para se referir à velha praça e aos seus arredores, é exemplar disso.

Apesar do indiscutível relevo e centralidade da praça Onze, o estudo mais sistemático sobre a cidade e o samba urbano mostra ser mais coerente falarmos de um Rio de Janeiro de

O CORPO ENCANTADO DAS RUAS

"pequenas Áfricas", no plural. A cristalização da ideia de uma África cravada no coração da cidade ganhou contornos quase mitológicos, fundamentados em referências orais e escritas que atestam a importância da região.

A despeito disso, devemos lembrar que as reconfigurações urbanas da cidade foram expandindo o Rio de Janeiro cada vez mais para a Zona Norte, para os subúrbios e para o alto dos morros. Comunidades negras acabaram tendo papéis de absoluta relevância no processo de ocupação dessas regiões. Um caso exemplar é o do bairro de Oswaldo Cruz, bem perto de Madureira, como diz um samba bonito do Monarco.

Para se falar de Oswaldo Cruz, convém começar pela Freguesia de Irajá. Ela foi criada no século XVII, a partir da divisão de uma sesmaria no vale de Inhaúma, e com o tempo se transformou em uma das principais zonas de abastecimento da cidade do Rio de Janeiro, produzindo frutas tropicais, cachaça, hortaliças e material de construção – telhas e tijolos – saídos de suas olarias. O abastecimento da cidade era feito por um pequeno porto situado na foz do rio Irajá, de onde as embarcações desciam até o canal do rio Meriti e seguiam por outros pequenos canais que desaguavam na baía de Guanabara.

A crise do trabalho escravo desarticulou a economia agrária e marcou o declínio econômico de toda a região. A partir daí, as grandes propriedades do Campo de Irajá foram loteadas e ocupadas, sobretudo, por ex-escravizados e homens pobres oriundos da extensa região do vale do Paraíba.

Com as reformas urbanas do início da República, especialmente a reforma de Pereira Passos, pelos idos de 1904, aumenta

ÁFRICAS

vertiginosamente a ocupação dos morros das regiões mais próximas ao centro – especialmente no Estácio, na Tijuca, na Saúde e em Vila Isabel –, e também de alguns loteamentos do subúrbio.

Uma das propriedades mais famosas da região de Irajá era a Fazenda do Campinho, pertencente ao capitão Francisco Ignácio do Canto e arrendada em meados do século XIX pelo boiadeiro Lourenço Madureira. Do loteamento dessa fazenda surgiram os bairros de Campinho e Madureira. Ambos assistiram a um aumento exponencial no número de moradores nas primeiras décadas do século XX. Oswaldo Cruz surgiu a partir do loteamento de terras que pertenceram ao português Miguel Gonçalves Portela, na região do vale do rio das Pedras, concentrando grande parte do rebanho bovino da cidade.

Entre a segunda metade do século XIX (tempos da Monarquia) e as primeiras décadas do século XX, ocorre a extensão, aos subúrbios, da linha ferroviária da Estrada de Ferro Central do Brasil – que até a Proclamação da República, em 1889, se chamava Estrada de Ferro Dom Pedro II. A estação de trens integra cada vez mais Oswaldo Cruz aos bairros vizinhos, com economias mais fortes, e ao Centro, que se manteve como local de trabalho da maior parte da população economicamente ativa da cidade.

Os poucos relatos existentes sobre Oswaldo Cruz nessa época descrevem uma região rural, sem água encanada, luz elétrica e calçamento. As ruas eram cortadas por valões que dificultavam a passagem dos habitantes, obrigados a se locomover a pé ou a cavalo. Quando chovia, era um deus nos acuda. O comércio era feito entre vários currais e se resumia a alguns armazéns e bares que, uma vez por outra, tinham que expulsar bois e vacas

O CORPO ENCANTADO DAS RUAS

que adentravam os estabelecimentos para atrapalhar a turma que bebericava e botava a conversa em dia.

Nesse bairro sem maiores atrativos, quase sem opções de lazer e um verdadeiro contraponto de um Centro da cidade que se embelezava em padrões europeus, a comunidade de Oswaldo Cruz se integrava pela festa e pela macumba. Construindo sociabilidades em torno das giras de umbanda, dos batuques dos sambas e das rodas de dança do jongo e do caxambu, oriundas dos negros bantos do vale do Paraíba, os moradores erigiam laços de pertencimento e identidade.

Entre os festeiros mais conhecidos de Oswaldo Cruz se destacavam Napoleão José do Nascimento, conhecido como seu Napoleão – pai de Natal, personagem marcante da história da Portela, do jogo do bicho e de todo o subúrbio carioca –, e as ialorixás (mães de santo) d. Martinha e d. Neném. Ali perto, em Quintino Bocaiuva, batia seus tambores outro terreiro famoso entre a comunidade de descendentes de africanos, o de Madalena Rica, mais conhecida como mãe Madalena Xangô de Ouro. As sagradas giras de macumba conviviam com as profanas rodas de samba e os sambas de roda.

Seu Napoleão tinha uma irmã, d. Benedita, que morava na rua Maia Lacerda, no Estácio de Sá, e era amiga dos compositores que, naquele momento, inventavam um novo tipo de samba, mais adequado ao desfile em cortejo do que o samba amaxixado que então vigorava no Rio de Janeiro: Ismael Silva, Brancura, Aurélio, Baiaco, Bide e outros iam a Oswaldo Cruz acompanhando d. Benedita. Normalmente, os bambas participavam das macumbas e depois comandavam as rodas de samba.

ÁFRICAS

Outra festeira que marcou a história de Oswaldo Cruz foi Esther Maria Rodrigues. Dona Esther era iniciada no candomblé e adorava carnaval. Saía toda festeira como porta-estandarte do cordão Estrela Solitária, que desfilava no carnaval pelas ruas próximas ao largo do Neco, entre Turiaçu e Madureira. Algumas das festas de d. Esther chegavam a durar dois dias seguidos, atraindo figuras de todos os cantos do Rio de Janeiro.

De certa maneira, d. Esther foi uma espécie de tia Ciata suburbana: uma mãe de santo que foi tia do samba. Sua casa foi um ponto de encontro, troca de experiências, criação de pertencimentos, formação de rede de proteção social e centro dinâmico de incessante produção de cultura.

A figura de matriarca representada por d. Esther foi fundamental na posterior fundação da Portela, a escola de samba que só foi possível porque Oswaldo Cruz, assim como a praça Onze e tantos outros lugares, era uma das várias pequenas Áfricas cariocas; como de resto a cidade inteira, nos batuques, na feira, no chão, na rua.

13. EDUCAÇÃO

"Pula corda, esquindô-lê-lê
Pula corda, esquindô- lá-lá
Quem não sabe pular corda
Aprende a sapatear!"

— Ponto de erê

AS RUAS em que vejo crianças brincando – são cada vez mais raras – me falam em sua algazarra sobre a minha experiência como professor e historiador. Como educar? Como pensar o corpo de meninas e meninos a partir da escola, em geral um ambiente disciplinador e amansador dos corpos pulsantes?

Os comprometidos com a tarefa da invenção do país nas encruzilhadas da educação não poderão se esconder mais apenas em seus aparatos teóricos, leituras clássicas e ideologias redentoras. A educação está também fora dos muros escolares. Se a escola não reconhecer isso, pior para ela e para quem ela educa. Aí mora o problema.

O CORPO ENCANTADO DAS RUAS

Os toques de tambor têm voz. O ijexá sabe contar histórias. Vovó Maria Conga benzeu menino com arruda e guiné, o Zé Malandro de terno de linho e chapéu-panamá vive nas esquinas. Os tupinambás que habitavam a Guanabara acreditavam que o fundamento da vida era a contínua jornada em busca de Guajupiá, a terra dos ancestrais que dribláram a morte. Maria Padilha desceu a serra, corpo de mulher livre, rodopiando como ventania.

Precisamos de corpos fechados ao projeto domesticador do domínio colonial, que não sejam nem adequados nem contidos para o consumo e para a morte em vida. Precisamos de outras vozes, políticas porque poéticas, musicadas; da sabedoria dos mestres das academias, mas também das ruas e de suas artimanhas de produtores de encantarias no precário. A escola colonial, tão presente, busca educar corpos para o desencanto e para os currais do mercado de trabalho, normatizados pelo medo de driblar/gingar/pecar.

Que se cruzem as filosofias diversas, no sarapatel que une Bach e Pixinguinha, a semântica do *Grande Sertão* e a semântica da sassanha das folhas, Heráclito e Exu, Spinoza e Pastinha, a biblioteca e a birosca. Que se cruzem notebook e bola, tambor e livro, para que os corpos leiam e bailem na aventura maior do caminho que descortina o ser naquele espaço que chega a ser maior que o mundo: a rua.

14. O FILHO DO CÃO

"Quando eu venho descendo o morro
A nega pensa que eu vou trabalhar
Eu boto meu baralho no bolso
Castiçal no pescoço e vou pra Barão de Mauá
Trabalhar, trabalhar
Trabalhar pra quê?
Se eu trabalhar eu vou morrer."

– Ponto de malandro

AS RUAS e os terreiros do Brasil alargaram o horizonte do meu olhar sobre a história, oferecendo um manancial de conceitos insinuantes. Desconfio cada vez mais do mergulho sistemático e exclusivo (para fazer o tipo de história que me arrebata) nos mares da filosofia canônica, dos dogmas, dos credos políticos inflexíveis, das catarses coletivas, das iluminações transformadoras, do engajamento intransigente, do requinte dos salões, do fogo purificador das assembleias e dos parlamentos e coisas similares. Busco, desde então, me apro-

O CORPO ENCANTADO DAS RUAS

ximar – para compreender, escutar, calar e escrevinhar – das formas de invenção da vida onde, amiúde, ela nem deveria existir de tão precária.

Sou cada vez mais um cambono da gira de lei onde baixam foliões, bêbados líricos, jogadores de futebol de várzea, retirantes, feirantes, capoeiras, cordelistas, pretos velhos, encantadas, meninos descalços, devotos, beatas, iaôs, marujos, namorados do subúrbio, coveiros, tocadores de rabeca, mestres de bateria, baianas, bicheiros, malucos, rezadeiras e todo tipo de assombrações e fantasmas.

Certa feita, pesquisando assombrações, encontrei a entrevista de um taxista de São Bernardo do Campo que, no final de 1975, viu o Bebê Diabo, célebre criança de rabos e chifres dada a fazer profecias espetaculares. Segundo o jornal *Notícias Populares*, órgão sensacionalista que deitou e rolou com as aventuras do filho do demônio, o Bebê Diabo parou o táxi e entrou. Apavorado, o taxista perguntou: "O senhor vai pra onde, seu Bebê Diabo?" O Bebê respondeu com voz de criança: "Toca agora pro inferno!" O taxista desmaiou e foi encontrado na porta de um cemitério.

Em outra ocasião, correu a história de que o Bebê Diabo estava passando férias no Rio de Janeiro. Foi reconhecido jogando porrinha na subida do São Carlos. Uma testemunha contou o episódio com detalhes, ressaltando que o Bebê Diabo pediu cerveja em diversas línguas, inclusive em latim. O português dono do estabelecimento mandou o diabo se catar e disse que não servia bebida alcoólica a menores de idade.

O FILHO DO CÃO

Cito o episódio do Bebê Diabo no São Carlos e clamo por um pequeno tratado sobre a hermenêutica do jogo da porrinha, o popular jogo do palitinho, conhecido também em algumas biroscas de responsabilidade como basquete de bolso. Quero crer que a porrinha é um jogo de altíssimo alcance civilizatório, consagrando os botequins em que é praticado como espaços de sociabilidades e ludicidades na selva urbana, dedicados ao exercício sublime das irrelevâncias criativas e ao flozô.

O local provável da origem do jogo é o antigo Império Romano. Os soldados de Roma costumavam praticar, nos intervalos das batalhas mais cruéis, um jogo conhecido como morra. Os atletas escondiam certa quantidade de dedos da mão direita às costas e diziam um número. Aquele que acertasse o número exato ficava com as glórias. O babado era popular e há relatos nas crônicas de Seleno de torneios realizados no Coliseu que terminaram em verdadeiras chacinas.

Outro jogo de alto coturno vinculado às culturas das ruas é o jogo de ronda, de grande relevância para a civilização carioca. Explico o básico da regra que conheço (existem pequenas variações).

O dono do jogo embaralha as cartas e expõe duas delas na mesa do boteco, no chão, na folha de jornal da esquina; enfim, onde o jogo for aberto; o às e o valete formam a dupla clássica; o às e o rei também são usados com alguma frequência. Os jogadores apostam em uma das duas que foram anteriormente expostas, adivinhando qual sairá primeiro. O banqueiro vai puxando carta por carta, com a solenidade que o momento impõe. Quando sai a primeira, os que nela fizeram fé dividem a grana.

O CORPO ENCANTADO DAS RUAS

O problema é que, nos tempos da malandragem, o dono do jogo sempre armava uma mutreta com algum parceiro disfarçado de apostador. Brancura do Estácio era especialista em marcar as cartas de forma quase imperceptível, para que fossem reconhecidas pelo tato. Cansava, em conluio com alguns bambas do baixo meretrício, de levar os *merréis* dos incautos.

O Bebê Diabo me interessa, a porrinha me interessa, o jogo de ronda me interessa. Não passo de um brincante das assombrações e espantos da infância que inventei depois que cresci. Conquistas e sucessos retumbantes não me comovem nem como metas de vida nem como objetos de estudo, perto da gente da viração do perrengue. A turma que descortina soluções de sobrevivência no precário, burlando a morte e encantando o mundo no baralho da rua.

15. PIPAS

"São Longuinho solta pipa
São José roda pião
São João pula a fogueira
São Pedro solta balão
Os erês na cachoeira
Chamam Cosme e Damião."

– Ponto de erê

AS RUAS também podem brincar com os céus. Digo isso porque, entre os saberes universais dos humanos – falo daqueles que não têm fronteiras –, está o de empinar papagaios; a arte de domar os ventos e rabiscar os céus. Há quem afirme que a invenção da pipa foi chinesa e tem para mais de 3 mil anos. Aulo Gélio, gramático latino, escreveu nas *Noites áticas* que Arquitas de Tarento, matemático amigo de Platão, inventou a primeira pipa. Há quem defenda que foram hindus, polinésios, fenícios ou egípcios os inventores. A conclusão a que chego é que diversas civilizações inventaram e empinaram papagaios.

O CORPO ENCANTADO DAS RUAS

Ou deliro que as pipas são anteriores aos homens e foram elas que nos inventaram para que alguém as empinasse.

As pipas provavelmente foram criadas como dispositivos militares de sinalização. Em suas variações e cores, transmitiam códigos de combate. Acabaram virando brinquedos de fabular os céus ou invenções que buscam atrair, sobretudo no Oriente, sortilégios diversos: afastam maus espíritos, atraem a prosperidade (quando feitas em forma de dragão), rogam por vida longa (quando em forma de tartaruga) etc.

No Brasil, se bobear, a pipa tem mais nomes que o diabo no *Grande Sertão*: cafifa, pandorga, papagaio, pepeta, piposa, cangula, curica, morcego, banda de asa, frecha, catita, barrilote, navio, garanhoto, pecapara. A suru é fabricada apenas com duas varetas, a arraia possui formato de losango e não tem rabiola. A baianinha é retangular; o pião tem modelo em triângulo; jereco e catreco são aquelas mais fuleiras, feitas no improviso. Amo as últimas, espertas como cachorros vira-latas e milagrosas como as plantas nascidas nas fendas dos muros.

Ainda é possível ver muita gente soltando pipa no Rio de Janeiro, sobretudo nos subúrbios ou em parques como a Quinta da Boa Vista, o Parque Madureira e o Aterro do Flamengo. A selvageria urbana, todavia, é inimiga de morte dos papagaios; e a verticalização da cidade é assassina dos ventos. São fatais a correria do cotidiano e o confinamento das crianças que vivem pulando de um caixote para outro – do caixote do apartamento para o caixote do carro; do caixote do carro para o caixote da escola.

Em certa ocasião, ao conversar com crianças em um evento sobre brincadeiras infantis na praça Tiradentes, descobri que

PIPAS

existem hoje aplicativos para quem quer soltar pipas virtuais em celulares. Na mesma parada fui apresentado a um aplicativo para se jogar porrinha.

Em um momento em que o Brasil dá a impressão de se desmanchar num mar de ódio, pode parecer maluquice escrever sobre pipas. Não acho. Soltar pipa, jogar porrinha, fazer churrasco na esquina, sambar, jogar futebol, ir à missa, bater palmas no terreiro, macerar as plantas que curam, benzer quebranto, intuir as chuvas, lembrar os mortos, ler os livros, desfilar na avenida, temperar o feijão são formas de construir sociabilidades mundanas capazes de dar sentido à vida, reverenciar o tempo e instaurar a humanidade no meio da furiosa desumanização que nos assalta.

Sequestrados pelos relógios, confinados em blindagens cognitivas, viciados nos celulares, curvados e de cabeças baixas para mirar as telas, estamos nos esquecendo de olhar os céus e entender o recado das pipas coloridas. Elas falam da memória dos tempos em que fomos capazes de transformar objetos militares de guerra em encantarias que, acariciando o azul, dançam e voam pelas mãos do guri na rua.

16. PALMEIRA DO MANGUE

"Bejinho, Bejinho,
Como vem beirando o mar
Ele vem pra jogar bola
Ele vem pra vadiar."

– Ponto de erês

AS RUAS da minha infância conhecem o mosaico dos alumbramentos que não me largam: o risco de morrer engasgado com uma bala Soft, o mergulho na piscina Tone, o medo de encontrar o sujeito da propaganda gritando que ninguém segura o Khalil M. Gebara, o Kichute amarrado na canela, a palma da mão cortada pela linha com cerol, os sambas do Martinho da Vila e da Clara Nunes na trilha sonora das macarronadas de domingo, as excursões para ver o Cristo milagroso em Porto das Caixas, a certeza de que a São João Batista Modas vestia apenas defuntos, a aventura radical de andar no bicho da seda do Parque Shanghai, o chinelo quente no pescoço para curar caxumba, a matraca do vendedor de quebra-queixo, os balões que subiam antes dos jogos

O CORPO ENCANTADO DAS RUAS

no Maracanã e vaticinavam sobre os destinos da partida (se bater na marquise, o time perde), as ruas enfeitadas para as Copas do Mundo, a corrida pelo túnel do estádio para olhar a marquise mais alta que o céu, a pelada na rua.

O futebol é uma das minhas referências para olhar o mundo. Aprendi a ler nas páginas da *Placar*, gosto de escrever sobre o jogo a partir da saga de times pequenos, clubes de várzea, goleiros frangueiros, perebas, falsos craques, beques da roça, campos de várzea, jogos delirantes e similares. O craque como personagem me interessa pouco. Sou um adepto da nano-história, um escritor de irrelevâncias, da corriola dos pequeninos.

Eu escrevo sobre aqueles que, pela ótica gerencial dos que desencantam tudo em nome do sucesso, deram errado. Minha opção pelo encantamento do mundo é a maneira que escolhi para me comprometer com as invenções da vida e delirar as desimportantes belezas do que ela, a vida, pode ser na minha particular terra sem males.

No fundo eu sei que palmeira do mangue não vive na areia de Copacabana, e quem nasceu para Mauro Shampoo não pode ser Pelé. Este escriba está mais para palmeira do mangue e ponta de lança do Íbis, podem crer.

Ando desiludido com o futebol. O atacante faz o gol, vai comemorar com a torcida e é expulso pelo juiz. O time campeão só vai receber a taça dois dias depois, em cerimônia fechada transmitida pela televisão. O menino de 17 anos pertence ao empresário e já é chamado pelo nome e sobrenome, pensando no que será mais adequado ao mercado europeu. A venda de camisas do Real Madrid supera, numa loja do Centro da cidade, a de qualquer camisa de clube brasileiro.

PALMEIRA DO MANGUE

O comentarista insiste em chamar um passe de assistência, desanda de chamar jogador reserva de "peça de reposição" e craque de "atleta diferenciado". As resenhas esportivas, com honrosas exceções, apostam na idiotização do espectador e transformam os debates em programas de humor, repletos de piadas do nível das contadas em filmes norte-americanos sobre adolescentes fazendo bobagens em festas de formatura.

Os torcedores passam a ser prioritariamente vistos como, conforme escutei dia desses, consumidores do "produto futebol". Organizações criminosas se infiltram em algumas torcidas e o ódio pelo torcedor do outro time é digno de transformar os homens pré-históricos da serra da Capivara em lordes britânicos de cinema. Bandeiras são proibidas, a torcida única parece ser o destino inexorável, e o jogo de futebol como um evento da cultura é esmagado pelo jogo de futebol como um espetáculo da cultura do evento: elitizado, higienizado, domesticado, desencantado, ferido de morte pelos donos do negócio. O jogo morreu e que se dane.

Só que aí alguém cruza uma bola na área, o centroavante acerta uma bicicleta improvável, a partida não vale coisa alguma, mas a gente grita gol, sorri e, por instantes, imagina aquela bicicleta que sonhou acertar na mais vagabunda pelada nos tempos de menino. Aqueles em que a bola mais furreca era o globo do mundo no futebol de rua.

17. TORCIDA

"Eu vou fingir que morri
Pra ver quem vai chorar por mim
E quem vai ficar gargalhando no meu gurufim
Quem vai beber minha cachaça
E tomar do meu café
E quem vai ficar paquerando a minha mulher."

– "Gurufim", Cláudio Camunguelo

AS RUAS enfeitadas para a Copa de 1982 davam a certeza de que a seleção brasileira seria campeã do mundo. Deu zebra. A seleção foi desclassificada pela Itália com um 3 a 2 doloroso. A derrota absurda, primeiro grande revés de menino, me deixou com febre durante dois dias. Dramático, como em geral são as crianças e os adolescentes, cheguei a achar que nunca me recuperaria do baque que os três gols do Paolo Rossi causaram em mim. Hoje tenho a certeza: nunca me recuperei.

O CORPO ENCANTADO DAS RUAS

A Copa seguinte, a de 1986, me fez ter trauma de qualquer corrente, daquelas em que todo mundo entrelaça as mãos e cria elos de pensamento positivo, orações e coisas do gênero. Nem pensar. Não participo de corrente nem em centro espírita de mesa e tenho horror de pensamento positivo. Explico.

Durante o jogo entre Brasil e França pelas quartas de final, houve o famoso pênalti para o escrete, que o Zico perdeu. Assim que o pênalti foi marcado, alguém sugeriu que fosse feita uma corrente na hora da cobrança. Mãos dadas e pensamento positivo para entrar em sintonia com o Galinho de Quintino. Pressenti que ia dar errado, mas me submeti ao ritual.

Na hora em que o Zico cobrou a penalidade e o goleiro pegou, a corrente se desfez de forma impressionante. Cada um caiu para um lado. Jurei, naquele dia, que nunca mais me submeteria a coisas daquele tipo. Perco o amigo, mas corrente de mãos dadas eu não faço.

Em 2014, nos 7 a 1 que tomamos da Alemanha, passei longe de me sentir arrasado. No primeiro gol fiquei preocupado. No segundo, fiquei tenso. No terceiro, achei que estava vendo a reprise do segundo. No quarto, entrei em choque. Imediatamente depois, no quinto gol, saí do choque e passei a achar engraçado o que estava ocorrendo. Nos 6 a 0, passei a me sentir no velório do Quincas Berro d'Água, contando piadas diante do defunto. No sétimo gol, sem maiores dramas, me consolei com o fato de o meu filho ainda não entender o que estava acontecendo.

TORCIDA

Logo depois do gol mixuruca do Brasil, na rua em que o povão torcia pela seleção começou um pagode com o clássico do repertório do Almir Guineto: "Deixe de lado esse baixo astral." Senti-me irremediavelmente brasileiro; filho do Brasil mitológico e adorável que criei para inventar a vida, refugiado no picadeiro que me acolhe e entre os amores que me interessam. Enchi o copo e bebi com gosto mais uma gelada em louvor sacana ao gol insignificante, como se o Berro d'Água piscasse matreiro no gurufim da despedida e fosse vadiar – aos mortos é dado esse direito – na rua.

18. CIDADE ENFEITADA

"Enfeita o terreiro, ô Ganga
Enfeita o terreiro, ô Ganga
Prepara a gira
Com folhinhas de pitanga."

— Ponto de abertura de gira

AS RUAS se encantavam para Copas do Mundo. Enfeitar o terreiro para a festa era um ritual que incluía a rifa para arrecadar dinheiro, o pedágio da garotada para comover os adultos, o bolo de cenoura – oferta da vizinha – para vender e juntar mais grana. Com os caraminguás levantados, era só comprar papel fino verde e amarelo para as bandeirinhas, a tinta para pintar a rua, reunir todo mundo no fim de semana para colocar a mão na massa e mandar brasa no churrasco para comemorar a inauguração. Sacanear a rua vizinha, propagando a superioridade da sua, era de praxe.

Caminho pela Zona Norte da cidade às vésperas da Copa do Mundo de 2018 e constato: as ruas, tradicionalmente enfeitadas

O CORPO ENCANTADO DAS RUAS

para o torneio, andam murchas, com um enfeite muquirana aqui e outro ali, poucos bares com bandeiras do Brasil, camelôs tentando vender camisas piratas do escrete, uns panos verde--amarelos pendurados em algumas varandas, e mais nada. Exceções – em Vila Isabel, a Pereira Nunes está nos trinques – confirmam a regra.

O problema está com a seleção brasileira ou com a cidade?

Há quem diga que a seleção não cria empatia com a população como acontecia em outros tempos. Os jogadores não têm vínculos com clubes brasileiros, são celebridades inatingíveis, cercados de seguranças e do cordão dos puxa-sacos que blindam os caras. A desumanização dos boleiros, distantes das ruas e presentes no Instagram, com discursos ensaiados mais espontâneos do que discurso de esquimó sobre as maravilhas do deserto do Saara, não convence.

Ao mesmo tempo, a rua concebida como lugar de encontro anda perdendo de lavada para a rua como lugar de passagem, marcado pela pressa e pela violência urbana. A disputa entre o território funcional – desencantado – e o terreiro, espaço praticado pelos ritos de pertencimento, como eram as ruas quando enfeitadas para as Copas, tem sido demasiadamente cruel para quem se recusa a compactuar com o desencanto carioca. A cidade está com medo. Entre o choque de ordem e a ordem do cheque, muitos carros e pouca gente, os males da rua são.

A cidade, a rigor, anda sendo pensada como o futebol: disciplinada onde devia ser espontânea, esculhambada onde devia ser organizada, mais gerenciada que vivida, mais pensada como empreendimento de gestão que como paixão. Parece que não

CIDADE ENFEITADA

estamos nela e ela não está em nós, a não ser como lembrança. Não nos reconhecemos na cidade como não reconhecemos o jogador na camisa do clube.

Sou insistente, e o futebol e a rua ainda me apaixonam. Apesar de tudo, ainda me mobilizo com Copas do Mundo, gosto de torcer pela seleção – patrimônio nosso que os safados que comandam o futebol teimam em sequestrar –, queimar a carne e gelar a cerveja. Vejo alguns jogos no Bode Cheiroso, outros na Toca do Baiacu, biroscas de responsabilidade, inspirado na máxima do Beto Sem Braço que repito como mantra: "O que espanta a miséria é festa." Sou ainda pelo inalienável direito do cidadão de se alienar da Copa do Mundo ou de se alienar do mundo na Copa, sem patrulhas.

Reencantar a cidade, subverter o território em terreiro, entender a cidade como lugar de encontro, comer pelas beiradas driblando os perrengues, malandreando entre o horror e o gozo, é seguir vivendo e sobrevivendo para fazer o gol na partida que não termina: num lance rápido e certeiro do contra-ataque que nos resta para salvar a rua.

19. DO BICHO AO BOLÃO

"Quem conhece o futuro
É Seu Marabô-Toquinho
pombagira da Figueira
Tranca Rua do caminho."

– Ponto de Exu

AS RUAS de Vila Isabel, as mesmas que Noel Rosa pisou, sabem que o centenário jogo do bicho foi criado pelo barão de Drummond, dono do zoológico do bairro, a partir de uma sugestão do mexicano Manuel Zevada. Com o zoológico em dificuldades – o barão era monarquista, e a República parou de subvencionar o jardim –, a ideia foi criar uma loteria que permitisse a manutenção do estabelecimento. O frequentador que comprasse um ingresso de mil-réis ganharia 20 mil-réis se o animal desenhado no bilhete de entrada fosse o mesmo que seria sorteado posteriormente.

A zebra não é um dos 25 animais do jogo, que começa com o avestruz e termina com a vaca. Vem da cultura do jogo do

O CORPO ENCANTADO DAS RUAS

bicho e das ruas do Rio, por causa disso, a expressão "deu zebra", para falar de um resultado inacreditável nos esportes.

Sou perdedor nato em jogos e apostas de qualquer natureza. Na última Copa do Mundo conquistei uma das últimas colocações do bolão promovido pelo Bode Cheiroso, botequim na Zona Norte carioca. Fiquei atrás até de uma criança de 7 anos e de uma senhora nonagenária que não sabia que ia ter Copa e deu palpites aleatórios para o neto barbado.

Meu pai ama futebol e foi craque do Embalo do Catete, um dos maiores times da história do Aterro do Flamengo. O velho achou que enriqueceria quando a Loteria Esportiva foi criada, em 1970, no embalo da preparação para a Copa do Mundo e da propaganda que a ditadura militar fazia do futebol como exemplo do "Brasil Grande". A febre do futebol naquele ano foi responsável também pela criação do Kichute, uma chuteira preta com cravos de borracha que virou mania entre a garotada. Com o Kichute marquei gols memoráveis chutando a bola Dente de Leite.

Meu pai nunca ganhou na loteria. Quem enriqueceu com ela foi Miron Vieira de Souza, um goiano que acertou sozinho um teste, em 1975. Miron não entendia patavina de futebol, fez a aposta mínima e cravou as zebras mais absurdas: o Corinthians empatou com o Rio Negro, de Manaus, o Palmeiras empatou com o Nacional, também da capital do Amazonas, e o Vasco, campeão brasileiro do ano anterior, perdeu em casa para o América de Natal.

Quando foi entrevistado sobre ter cravado a vitória do time potiguar contra o Vasco, Miron disse que achava que o América

DO BICHO AO BOLÃO

de Natal era o América do Rio. Como o América carioca tinha enfrentado naquele fim de semana o Fluminense – perdeu – e o jogo também fez parte da loteria, a explicação de Miron foi inusitada. Ele achou que o América ficaria cansado por jogar duas vezes no mesmo dia e botou o time ganhando um jogo, do Vasco, e perdendo o outro, do tricolor.

A imagem do novo milionário abrindo um sorriso desdentado, o popular "1001", ganhou o mundo. Miron virou criador de gado de corte e colocou uma dentadura nos trinques. Foi mais prudente que Dudu da Loteca, um ganhador de Madureira, também ignorante em futebol, que torrou a grana fazendo maluquices com o dinheiro – resolveu virar piloto de kart e dava televisões como gorjeta em hotéis – e ficou na pindaíba em curto espaço de tempo.

Enquanto a turma dos desentendidos enchia as burras, os metidos a especialistas em futebol continuavam apostando e perdendo todo fim de semana. Exatamente como fiz no bolão da Copa da Rússia de 2018, com meus palpites consistentes, embasados e, no final, invariavelmente fracassados, para o sublime gozo dos sacanas da rua.

20. UM ASSASSINATO

"Quem matou o meu amor
Não merece piedade
Sou a dona do caminho
Sou a dona da cidade."

— Ponto de pombagira

AS RUAS próximas ao novo Maracanã, nos dias de jogos da Copa do Mundo de 2014, foram fechadas por barreiras policiais que mais pareciam demarcar o início de uma zona de guerra. Sem maiores floreios, já que o assunto é um assassinato premeditado, cometido com requintes de crueldade e por motivo torpe, digo logo que não acredito em qualquer pacto ou em qualquer reconstrução da cidade do Rio de Janeiro – esfacelada, aniquilada em seu imaginário, assaltada, extorquida, mediocrizada – que não passe pela devolução do estádio do Maracanã aos cariocas.

O velho Maracanã, aquele que morreu de morte matada pelo bando que saqueou o Rio de Janeiro – conforme o jornalista Lúcio de Castro provou em uma série de reportagens no site da

O CORPO ENCANTADO DAS RUAS

Agência Sportlight –, talvez tenha sido a maior encarnação, ao lado das praias e do carnaval, de certo mito de convívio cordial da cidade. O Maraca foi pensado, em 1950, para ser frequentado por torcedores de todas as classes sociais, mas não de forma igualitária, é necessário constatar. O estádio foi espacialmente dividido, como se cada torcedor tivesse que saber qual é a sua posição na sociedade: os mais pobres na geral, a classe média nas arquibancadas, os mais remediados nas cadeiras azuis e os engravatados nas cadeiras cativas.

A fabulação de espaço democrático que era o antigo Maracanã, todavia, permitia duas coisas que nos faziam acreditar em uma cidade menos injusta: a crença em um modelo de coesão cordato, em que as diferenças se evidenciavam no espaço, mas se diluíam em certo imaginário de amor pelo futebol; e a possibilidade de invenção de sociabilidades dentro do que havia de mais precário. A geral – o precário provisório – acabava sendo o local em que surgiam as soluções mais inusitadas e originais sobre como torcer e delirar o jogo. Todo geraldino teve o seu dia de gargalhar na cara da miséria e do impossível.

A geral era a fresta pela qual a festa do jogo se potencializava da forma mais vigorosa, como catarse, espírito criativo, performance dramática e sociabilização no perrengue. Nó no rabo da tirana, em suma. O fim da geral, a rigor, poderia ser defensável, considerando-se a precariedade do espaço. O problema é que ele veio acompanhado de um projeto muito mais perverso: quem tinha que sumir do futebol, e da cidade, não era a geral, mas o geraldino.

Na arena multiuso, tal e qual na cidade pensada a partir da lógica da vida como um modorrento empreendimento empre-

UM ASSASSINATO

sarial de gestão, interessa um público restrito, selecionado pelo potencial de consumo dentro dos estádios e pelos programas de fidelização de sócios torcedores. Facilita-se assim, além de tudo, a massificação das transmissões televisivas por canais a cabo. Como metáfora da morte de um projeto de país que fabulou o encontro entre as pessoas no espaço comum, a elitização do futebol diz muito sobre nossos pesadelos e vai além do jogo. É de uma ideia de país que estamos falando.

Do ponto de vista estritamente pessoal, a morte do Maracanã é um atentado contra a minha infância e o mosaico dos alumbramentos que me acompanham desde menino: a consistência do Calcigenol, as rãs imensas do valão da rua Castor, no Jardim Nova Era, o primeiro desfile de escola de samba, o primeiro baião que escutei na voz de Luiz Gonzaga, a epifania com um LP do Cartola, Clara Nunes cantando "Feira de Mangaio", os suspiros e mariolas de São Cosme, o desengasgo na simpatia de São Brás, o horizonte melhor de um samba do Luiz Carlos da Vila, a corrida pelo túnel para encarar a marquise maior que o mundo.

O pequeno comércio, o mercado de rua, a feira e o estádio de futebol jogavam no mesmo time de sociabilidades mundanas. No fim das contas, é urgente que a cidade viva sempre o sentido da rua como um espaço de convivência e desaceleração do cotidiano. Uma rua que permita, no resíduo de seus acontecimentos miúdos, maneiras de viver que não sejam simplesmente receptivas ou reativas aos desígnios do deus carro, mas que propicie os encontros entre as gentes da Guanabara; como aqueles que o velho Maracanã, assassinado sem piedade, proporcionava.

O CORPO ENCANTADO DAS RUAS

Que diabos fazer? A nossa tarefa não é apenas resistir. Já não é mais suficiente. É reexistir mesmo; reinventar afeições dentro ou fora das arenas e encontrar novas frestas para arrepiar a vida de originalidades, encantarias e gritos – amados, suados, deseducados, gentis, épicos, miúdos, cheirando a mijo e flores delirantes – de gol na rua.

21. A ARENIZAÇÃO DA CIDADE

"Santo Antônio de Batalha
Faz de mim batalhador
Corre gira pombagira
Tiriri e Marabô."

— Ponto de demanda de Exu

AS RUAS desencantadas, a festa combatida, os tambores calados
e as bandeiras recolhidas são crônicas do desencanto e da arenização das cidades. Recentemente uma polêmica tomou conta
de alguns estádios de futebol. Torcedores levaram faixas lem-
brando a vereadora Marielle Franco, assassinada numa tocaia.
As torcidas do Grêmio e do Cruzeiro tiveram as faixas retiradas
por seguranças. No Rio, torcedores de Flamengo e Fluminense
levaram as faixas depois de negociação com a Polícia Militar. A
da torcida do Fla foi retirada por um segurança privado.

Grandes cidades são espaços de confrontos, e o futebol não
é alheio a isso. A cidade vista como o espaço funcional, prioritariamente destinado à acumulação e à circulação do capital,

O CORPO ENCANTADO DAS RUAS

elabora estratégias de controle das massas. Os subalternizados, por sua vez, inventam cotidianamente maneiras de construir no perrengue seus espaços de lazer, sobrevivência e sociabilidade. Muitas vezes se apropriam exatamente dos espaços disciplinados pela lógica do controle e redefinindo, às margens e nas frestas, seus usos. A história do Rio de Janeiro e a história do futebol brasileiro têm muito dessa subversão, que chamo de "esculhambação criativa": a capacidade de transformar territórios, espaços de controle, em terreiros – espaços de encantamento.

Assistimos nos últimos anos à elitização dos grandes estádios, redefinidos como arenas frequentadas por uma clientela com padrão de consumo e comportamento mais adequados aos cinemas congelantes de shoppings e a franquias de botecos de grife. As arquibancadas e gerais, como espaços coletivos de movimentações imponderáveis, soluções criativas no ato de torcer, lugares de abraços suados e eventuais porradas, foram para a cucuia. Saem de cena o maluco fantasiado, a doida da geral, o torcedor cardiopata, o arremessador de chinelo no juiz, o vendedor de laranja-lima. A hora é a do espectador comportado – uma espécie de testemunha da partida, tão vibrante quanto um cágado sob efeito de tranquilizantes –, do tirador de selfies na hora do gol e do pagador de carnês de sócio-torcedor.

As novas arenas não propõem soluções para manter nos estádios espaços populares e, ao mesmo tempo, garantir o acesso aos que não frequentavam os jogos por diversas razões, como o machismo e a violência. Elas vieram para disciplinar o ato de torcer, através da disciplina do espaço e das estratégias de atração de clientela supostamente mais qualificada com diversos

86

A ARENIZAÇÃO DA CIDADE

eventos, de festas de formatura a shows. Eventualmente, rola até uma partida de futebol. Sugiro que os leitores procurem os estudos do geógrafo e professor da Uerj Gilmar Mascarenhas, o maior craque que temos no babado.

As faixas para Marielle mostram que o jogo não acabou. Tem gente disposta a continuar disputando as arquibancadas e, consequentemente, a cidade. A peleja entre o estádio de futebol visto como espaço de encontros, paixões coletivas e performances inventivas e a arena fria, despersonalizada, geradora de recursos para investidores, controladora dos corpos em cadeiras estreitas, diz muito sobre os nossos dias. Tem coisa pacas em jogo na nova ordem do futebol. Quem acha que se trata só de esporte corre o risco de descobrir tarde demais que viramos figurantes indesejáveis de um grande cenário de propaganda de plano de previdência privada: a cidade arenizada, do estádio à rua.

22. O OVO DE BALCÃO E A SACANAGEM

"Gripe cura com limão, jurubeba é pra azia
Do jeito que a coisa vai, o boteco do Arlindo vira drogaria
O médico tava com medo que o meu figueiredo não andasse bem
Então receitou jurubeba, alcachofra e de quebra carqueja também
Embora fosse homeopatia a grana que eu tinha era só dois barão
Mas o Arlindo é pai d'égua, foi passando a régua, eu fiquei logo bão."

— "Boteco do Arlindo", Maria do Zeca e Nei Lopes

AS RUAS, vez por outra, são cenários de meus sonhos e pesadelos. Dia desses tive um pesadelo aterrorizante. Nele, fui tentar tomar umas cervejas em um botequim velho de guerra e, para meu espanto, encontrei no lugar da birosca um bar descolado que desconstruiu o ovo cozido com sal. Esqueçam o ovo colorido de balcão. O velho acepipe era descrito como uma espécie de unidade de estrutura expelida do corpo da galinha com reserva alimentar e envoltório protetor, lentamente cozida e levemente temperada com especiaria formada na proporção de um átomo de cloro para cada átomo de sódio, com retrogosto de pinto que não vai nascer. Acordei gritando um "Valei-me, São Noel Rosa!".

O CORPO ENCANTADO DAS RUAS

Sou um contumaz apreciador de ovo cozido em botequim. É a minha pedida clássica, por exemplo, no Bode Cheiroso: o ovo cozido e uma barrigudinha bem gelada para abrir os trabalhos. Por isso morrerei lamentando a lei que proíbe saleiros em estabelecimentos públicos e me obriga a usar o sal de sachê. Comer um ovo cozido em um botequim é um ritual civilizatório; coisa de ançestralidade, cultura, celebração da vida em suas miudezas provisórias. Já cogitei até passar a andar todos os dias com um saleiro velho de guerra no bolso da bermuda para qualquer emergência, declarando-me, como um Gandhi de birosca, em desobediência civil.

Não se conta a história do Rio de Janeiro sem a saga dos seus botequins e a importância que eles têm como espaços de sociabilidades. Tire da cidade o impacto civilizatório dos seus bares e teremos um Garrincha sem a bola. Aprendi com os mais velhos que um botequim é feito de memórias, aspirações, anseios, sonhos, desilusões, conquistas, fracassos retumbantes, alegrias e invenções da vida daqueles que passaram por suas mesas e balcões. Um lugar é também o resultado das experiências intangíveis, matéria da memória acumulada, e vai muito além da fachada, dos alicerces e dos salamaleques da decoração. Acontece que a fúria do contemporâneo, afeita aos grandes negócios, esmaga o intangível, vê a tradição apenas como simulacro e despreza o que não é mensurado pelas expectativas do mercado.

Escrevi aqui e ali que sabichões que manjam de etimologia, como Houaiss e Villar, garantem que a origem remota da palavra "botequim" é o termo grego *apothéké* (depósito),

O OVO DE BALCÃO E A SACANAGEM

que originou também "botica", "biblioteca" e "bodega". Está aí resumida a definição de um bom botequim: um centro de manutenção e circulação do saber, como as bibliotecas; um lugar onde se preparam medicamentos para o corpo e a alma, como as boticas; e uma taberna onde se come e se bebe com simplicidade, sabor e sustância, como as velhas bodegas. Só isso já dá um tratado de proporções substanciais sobre a cidade.

Em ngúni, idioma do grupo linguístico zulu, falado em alguns lugares do sul da África, não há palavra que designe o parentesco a partir do sangue. A expressão que define a relação de parentesco é *ubudlelane*: os que comem juntos. É na mesa, no balcão, no compartilhamento da comida, na união pela celebração da festa, que a ideia de parentesco se estabelece. Os botequins mais vagabundos são como lares propiciadores de relações familiares, entre ampolas geladas, mandurebas e petiscos dinamizadores da celebração gordurosa da vida em comunidade. Sim, estou apenas buscando uma justificativa para ficar mais tempo no balcão. O que tenho de parente não está no gibi.

Aproveito o ensejo e o lamento pelos botequins para me declarar também saudoso da sacanagem, acepipe que não faltava em qualquer comemoração carioca e anda meio sumido. Na minha infância era rigorosamente inconcebível qualquer festa de família sem as sacanagens para abrir os trabalhos, com algumas pequenas variações de receitas. A de lá de casa levava salsicha, azeitona, queijo prato com orégano e pimentão ou cenoura. Sem cereja, por favor.

O CORPO ENCANTADO DAS RUAS

No maravilhoso mundo gourmet, ir ao bar virou "botecar", e agora temos "lascas", "reduções", "camas de rúcula", "confit", "toques cítricos" e outros salamaleques semânticos que os velhos frequentadores de biroscas jamais saberão do que se trata. No mundo em que tem gente chamando torresmo com limão de "lasca crocante de pele de porco perfumada em lágrimas de cítrico frutado" para cobrar uma baba pela porção, não há espaço para um acepipe chamado sacanagem.

Quando ouço alguém falar em releitura de comida, tenho vontade de sacar a zarabatana e distribuir dardos com curare. Se um maluco desses resolve fazer uma releitura da sacanagem, pensando numa harmonização com cervejas frutadas e os cacetes, como é que o nosso bom e velho petisco seria descrito? Tremo só de pensar na morte fresca dos sabores da rua.

23. DERRAMEI TODA A EMOÇÃO

"Dói, dói, dói, um amor faz sofrer
Dois amor faz chorar.
Te dei amor, te dei carinho
Te dei uma rosa
Tirei o espinho."

– Ponto de pombagira

AS RUAS me chamam, mesmo que eu esteja entre o filho pestinha, o cachorro maluco, a cidade em colapso, os textos para entregar (a sorte é que não preciso de silêncio para produzir; faço as coisas e consigo me concentrar no meio da algazarra desde garoto, criado em casa pequena e cheia) e o saldo bancário à Festival de Parintins, numa eterna disputa entre o vermelho do Garantido e o azul do Caprichoso, com vantagem para o boi encarnado. Sou obrigado a admitir, conforme escutei de um malandro de larguíssima experiência, que o mistério não é sair da zona de conforto, local em que nem entrei, mas saber viver

O CORPO ENCANTADO DAS RUAS

no conforto da zona. A miudeza do cotidiano, em que a vida não para, é o que ainda me salva.

Exemplifico. No meio do perrengue, entre um pipoco e outro, Vila Isabel continua tendo um pequeno comércio de rua capaz de atrair a turma que reside na área: açougues, barbearias, quitandas, lojas de doces, biroscas com cervejas a preço justo, pastelarias suspeitas, ambulantes vendendo bermudas falsificadas do Real Madrid, pequenos golpistas oferecendo relógios que só funcionam durante vinte minutos e similares.

Na subida da Souza Franco, ao lado da lavanderia, existe uma pequena loja de macumba – a Casa Exú João Caveira – que atende bem algumas emergências de quem não pode ir ao Mercadão de Madureira quando o bicho pega no meio da tarde, e o mais velho pede um ebó (tem efum, obi, dendê, pemba, alguidar, charuto Índio, erva para defumador e outras coisinhas miúdas).

Do outro lado da rua tem uma quitanda gourmetizada (leia-se "hortifrúti") que preserva certa dignidade, com preços razoáveis. Uma das atrações do sacolão é uma espécie de rádio que fica tocando música e anunciando promoções. Certa feita passei por lá para comprar água de coco e brócolis. Enquanto estive no local, a rádio emendou "Muito estranho", na versão do Dalto, e "Todo azul do mar", com Flávio Venturini.

Algumas pessoas cantarolavam baixinho enquanto examinavam abóboras, uvas, inhames, tomates, caquis e similares. Carregadores entravam com caixotes de hortaliças descarregados de um pequeno caminhão.

DERRAMEI TODA A EMOÇÃO

Dando prosseguimento ao repertório devastador de corações, veio "Desejo de amar (Undererê)", na versão definitiva de Eliana de Lima. Delirei que o programador da rádio está apaixonado por alguma das moças do caixa. Um dos carregadores falou alto, enquanto passava rápido, sustentando um caixote no ombro: "'Undererê.' Essa machuca." A senhorinha que apalpava batatas emendou: "E como machuca! Mas é linda."

Paguei a conta, fui em direção a minha casa assobiando "Undererê", parei no seu Gomes, o português do depósito de bebidas, e tomei umas geladas imprevistas. Esse negócio de ver a vida acontecendo com tamanha força é arrasador. Sem um biricotico não dá para segurar a onda, e, por isso mesmo, esqueci da casa e fiquei na rua.

24. FANTASIAS INUSITADAS

"Quem sou eu, quem sou eu?
Tenho o corpo fechado, rei da noite
Sou mais eu."

– Acadêmicos do Grande Rio, 1994

AS RUAS no carnaval já me viram fantasiado de guerreira egípcia, quando saí no bloco Canários das Laranjeiras com o estranhíssimo traje; meu tio Salvador era o presidente da agremiação. Não me peçam maiores detalhes.

Já desfilei também em alas das crianças, como camundongo, pequeno imigrante japonês, galinha-d'angola e coxa de frango dos tempos de d. João VI. Recusei, certa feita, um convite para desfilar com algodão nas narinas, dentro de um caixão de defunto.

Minha trajetória em bailes de salão não fez por menos. Na tenra infância, fantasiei-me de índio do Velho Oeste (mais precisamente de Chefe Pequena Nuvem, nome que achei suspeitíssimo), faraó, pirata, piolho, *sheik* árabe, espinha inflamada, amígdala e

O CORPO ENCANTADO DAS RUAS

piloto de Fórmula 1 (ocasião em que fiquei entalado na privada infantil do banheiro do clube, transformada em *cockpit*).

Nos bailes, eu representava o clássico papel de um daqueles moleques bundões que ficavam, durante a festança, absolutamente parados, jogando confetes e serpentinas para o alto, com a expressão nada entusiasmada. A alegria dos salões nunca foi a minha praia.

Nas ruas, fui um moleque com pendores pelo Bafo da Onça e admiração temerosa pela turma do Cacique de Ramos. Simpatizei com o Suvaco, lati no Cachorro Cansado e tenho vaga lembrança da minha mãe indo se esbaldar no banho de mar a fantasia. Psicodelia para mim era a decoração da Rio Branco, eu chorava para mamar no Bola Preta e tinha mais medo de um bate-bola mascarado do que do Jack Nicholson bancando o maluco em *O iluminado*.

Ao mesmo tempo que me encheu de traumas, o carnaval me educou mais do que os colégios que frequentei. Foi escutando samba-enredo que, ainda menino, ouvi falar da Guerra de Canudos (torci pelos jagunços), da literatura de Lima Barreto, do saber poético da literatura de cordel, da *Invenção de Orfeu*, do drama da seca do Nordeste e das lendas do Maranhão. Foram as escolas de samba que me apresentaram à Teresa de Benguela e ao Quilombo do Quariterê, me fizeram ter vontade de lutar na Confederação dos Tamoios, descobrir a floresta das esmeraldas, matar o monstro Macobeba, meter uma bifa nos cornos de Piaimã e cravar um punhal na testa do touro negro coroado da praia dos Lençóis.

FANTASIAS INUSITADAS

Boa parte da vitalidade da cultura do Rio de Janeiro veio da rua. Entre pernadas, batuques, improvisos, corpos dançando na síncope, gols marcados na ladeira, gudes carambolando e pipas cortando os céus, a tessitura da cidade foi se desenhando nas artes de inventar na escassez.

Foi assim que certo carioca zuelou tambor, jogou capoeira, fez a sua fé no bicho, botou a escola na avenida, a cadeira na calçada, o despacho na esquina, a oferenda na mata, a bola na rede, a mandureba no copo e o mel na cachoeira. Foi assim que a cidade inventou o seu peculiar modo de fazer, cruzando informações de tudo quanto é canto, carnaval.

Tirar de uma escola de samba seu potencial disparador de pluralidades culturais é estratégico para o processo de domesticação dos corpos e mentes cariocas. A forma mais fácil de matar uma escola de samba, afinal, é reduzi-la à condição de simples empresa turística de entretenimento ligeiro, recheada de celebridades de ocasião, destituída de suas referências fundamentais como instituição de ponta da cultura popular.

É o mesmo recorte disciplinador, higienizador e aniquilador que ameaça, desde que o samba é samba, liquidar as pulsões festeiras e potencialmente subversivas da rua; seja pela repressão, seja pelo enquadramento como negócio. O velho embate colonial pelo controle dos corpos – fundamentado na ideia do corpo transgressor que só pode encontrar a redenção na expiação do pecado e no corpo festeiro que deve ser disciplinado como ferramenta produtiva do trabalho, inclusive pela própria indústria da festa e aproveitado por ela – continua firme e mais evidente. Nós estamos num mato sem cachorro.

O CORPO ENCANTADO DAS RUAS

Na cidade que luta para não se desmanchar entre balas traçantes, bolas entorpecedoras e gongás destruídos, sinto uma saudade da moléstia dos carnavais em que fui galinha-d'angola, camundongo da folia, japonês de araque, faraó emburrado e pequeno apache. E ainda tenho uma fantasia no fundo do armário preparada para qualquer eventualidade: a de bandido de filme do Velho Oeste – ferrado pelo mocinho cafajeste exterminador de nativos e bisões – que tem a dignidade de morrer cantando a "Jardineira", quizumbando o chatíssimo *saloon* dos predestinados à salvação das almas, para se perder na rua.

25. UMBIGO DO MUNDO

> "Uma camisa e um terno usado
> Alguém me empresta
> Hoje é domingo
> E eu preciso ir à festa
> Não brincarei, quero fazer uma oração
> Pedir à santa padroeira proteção
> Entre os amigos encontrarei algum que tenha
> Hoje é domingo e eu preciso ir à Penha."
>
> — "Festa da Penha", Cartola e Assobert

AS RUAS da Penha surgem da festa, que por sua vez nasceu do encontro inusitado entre o português, a cobra, a santa e o lagarto. Assim contam os mais velhos: o português Baltazar de Abreu Cardoso foi atacado por uma cobra venenosa durante uma caçada, lá pelos idos do século XVII. No sufoco, apelou para Nossa Senhora da Penha. Um lagarto apareceu, e a serpente, com medo do bicho, foi embora. Baltazar, dono das terras, ergueu uma capela no local do milagre – o alto de uma pedra – e prometeu

O CORPO ENCANTADO DAS RUAS

fazer anualmente uma celebração para relembrar o fato. Surgiu assim, segundo a tradição popular, um dos maiores fuzuês da história do Rio: a Festa da Penha, celebrada no mês de outubro.

No início do século XX, a República criminalizava a cultura popular. A onda dos donos do poder era modernizar o Rio de Janeiro em padrões europeus, adotando Paris, a capital francesa, como modelo de conduta e urbanidade. Nesse clima, as manifestações populares dos pretos e dos pobres em geral eram reprimidas na base do cacete. A cidade, fundada um dia para expulsar franceses, resolveu ser francesa para esconder que era profundamente africana e lusitana. Nas brechas das festas, o carioca, encurralado pela repressão institucional, se virou e encontrou na Penha uma maneira de inventar a cidade negada. Na celebração, as tias baianas prepararam as comidas, os portugueses se esbaldaram entre viras e fandangos e os bambas mostraram os sambas que tinham acabado de compor. A celebração da Penha transformou-se, depois do carnaval, no maior evento popular do Rio de Janeiro.

Os poderosos fizeram de tudo para colocar água no chope da rapaziada. Em 1904, 1907 e 1912, a prefeitura proibiu o samba, coisa do diabo, nas proximidades da Penha, e havia ordem de prisão para praticantes da capoeira. Horrorizado com a celebração que lambuzava de profanidades o sagrado e sacralizava o profano, o poeta Olavo Bilac foi um dos intelectuais sabichões que defenderam a proibição da festa, definida por ele como uma "escandalosa e selvagem romaria".

Poucas festas cariocas foram mais cantadas. A atriz e cantora Pepa Delgado, personagem das mais fascinantes da história da

UMBIGO DO MUNDO

cidade, gravou em 1905 a canção "Um samba na Penha", de Assis Pacheco (bem antes de "Pelo telefone"). Noel Rosa cantou mais a Penha do que a Vila em seus sambas. Cartola compôs com Assobert o samba "Festa da Penha", crônica de primeira sobre o sujeito que pede um terno emprestado para participar da festa num domingo e promete não subir as escadarias ajoelhado para não estragar a beca. Luiz Gonzaga gravou o "Baião da Penha", de Guio de Moraes e David Nasser, dando voz ao nordestino que sobe as escadas da Penha para pedir paz e proteção para o lar do retirante na cidade grande. Outros exemplos não faltam.

E já que falo da Festa da Penha, como não falar do Parque Shanghai, que resiste até hoje ao desencantamento da cidade na área de acesso à subida da igreja? O Shanghai é um patrimônio carioca. Foi criado em 1919 como um parque itinerante, fixou-se na década de 1930 na área em que hoje está o aeroporto Santos Dumont, passou pela Quinta da Boa Vista e estabeleceu-se na Penha desde a década de 1960. É diversão garantida para a garotada que, nesses tempos, anda soltando pipa em aplicativos e rodando em rodas-gigantes virtuais.

Sou dos que acham que a cidade do Rio de Janeiro deveria zelar pelos festejos da Penha com cuidado maternal. A festa é parte integrante da aventura carioca. A decadência dos festejos – por uma série de motivos que demandariam inúmeras discussões – é emblemática dos paradoxos de uma cidade que, vez por outra, parece querer negar seus traços culturais mais fecundos; sobretudo os que se manifestam nos bairros suburbanos, distantes da praia e dos cartões-postais da Zona Sul e do Centro.

103

O CORPO ENCANTADO DAS RUAS

A Festa da Penha, ao longo dos tempos, foi uma vigorosa celebração da vida em comunidade. Rezas, comidas, cantos, danças, brinquedos e cheiros bordaram o afeto celebrado em festança e recriação da miudeza provisória da vida. A Penha é um espaço praticado de uma cidade que parece se perder em meio ao desencanto trazido pela intolerância dos fundamentalismos mais tacanhos. O meu Brasil, cada vez mais distante e cada vez mais necessário, é o que não comporta intolerâncias e ritualiza as maneiras de abraçar a vida naquilo que ela tem de mais bonito: a capacidade de ser reinventada pelas mulheres e homens comuns numa festa na rua.

26. AZEITE DE DENDÊ NO CARNAVAL

"Exu que tem duas cabeças, ele faz sua gira com fé
Exu que tem duas cabeças, ele faz sua gira com fé
Uma é Satanás do inferno outra é de Jesus Nazaré
Uma é Satanás do inferno a outra é de Jesus Nazaré."

– Ponto de Exu

AS RUAS no carnaval são exemplarmente exusíacas. Exu é aquele que vive no riscado, na brecha, na casca da lima, malandreando no sincopado, desconversando, quebrando o padrão, subvertendo no arrepiado do tempo, gingando capoeiras no fio da navalha. Exu é o menino que colheu o mel dos gafanhotos, mamou o leite das donzelas e acertou o pássaro ontem com a pedra que atirou hoje; é o subversivo que, quando está sentado, bate com a cabeça no teto e em pé não atinge sequer a altura do fogareiro. Ele é chegado aos fuzuês da rua. Adora azeite de dendê. Mas não é só isso e pode ser o oposto a isso.

Um longo poema da criação diz que, certa feita, Exu foi desafiado a escolher, entre duas cabaças, qual delas levaria em uma viagem ao mercado. Uma continha o bem, a outra continha

O CORPO ENCANTADO DAS RUAS

o mal. Uma era remédio, a outra era veneno. Uma era corpo, a outra era espírito. Uma era o que se vê, a outra era o que não se enxerga. Uma era palavra, a outra era o que nunca será dito.

Exu pediu uma terceira cabaça. Abriu as três e misturou o pó das duas primeiras na terceira. Balançou bem. Desde este dia, remédio pode ser veneno e veneno pode curar, o bem pode ser o mal, a alma pode ser o corpo, o visível pode ser o invisível e o que não se vê pode ser presença. O dito pode não dizer e o silêncio pode fazer discursos vigorosos. A terceira cabaça é a do inesperado: nela mora a cultura.

Gosto do carnaval de rua e das libações comandadas por Exu. Sou adepto da subversão pela festa. Carnaval de rua é possibilidade: pode ser festa de inversão, confronto, lembrança e esquecimento. É período de diluição da identidade civil, remanso da pequena morte, reino da máscara, fuzuê do velamento necessário. Eventualmente, sai porrada.

O carnaval exusíaco é o do não endereço, do rumo perdido, da rua esquecida, da esquina incerta. Em tempos de escancaramento das redes sociais, tem gente que quer ser encontrada no carnaval. É um tal de dizer "onde estou", "qual é a minha fantasia", "olhem como estou me divertindo", "que foto bacana". Brincar é o de menos; fundamental é que as pessoas saibam, em tempo real, que o folião está brincando. Na rua, espaço de subversão do cotidiano, a folia deveria ser o mar aberto do ébrio pirata de nau sem rumo. O carnaval, festa do "me esqueçam", vira a festa do "me encontrem, me vejam, me curtam". Para alguns, é a festa do "me patrocinem". Sinal dos tempos e despotência da força exusíaca do babado. Sem dendê, a rua morre. Olho vivo, rapaziada.

AZEITE DE DENDÊ NO CARNAVAL

Desfile de escola de samba, cada vez mais cheio de regras, é carnaval oxalufânico. Oxalufá é o orixá que tem como positividade a paciência, o método, a ordem, a retidão e o cumprimento dos afazeres predeterminados. Tudo que é contrário a isso representa a negatividade que pode prejudicar seus filhos. Diz um mito de Ifá que, quando se desviou da missão a ser executada e tomou um porre de vinho de palma, Oxalufá quase comprometeu a própria tarefa da criação do mundo. Em outra ocasião, quando também tentou agir por instinto e teimosia, deixando de seguir a recomendação do oráculo e de dar oferendas para Exu, Oxalufá foi preso durante uma viagem, acusado injustamente pelo furto de um cavalo. Curtiu uma cana de sete anos. Deve evitar o azeite de dendê, que o tira do prumo.

O problema é que esse perfil oxalufânico anda excessivo entre as escolas de samba. A disciplina, a regra, o engessamento dos desfiles, o controle rígido das performances podem representar a perda da capacidade de renovação e o descolamento entre as agremiações e a cidade. Oxalufá precisou de Exu para cumprir a sua missão na criação do mundo.

Alguma dose de oxalufânico pode fazer bem ao que é exusíaco; contanto que não o domine e impeça seu movimento. Alguma dose de exusíaco pode fazer um bem enorme ao que é predominantemente oxalufânico, para que ele se movimente. Quando um princípio, todavia, prevalece no terreno do outro e desequilibra a vitalidade de determinada potência, a chance de a vaca ir para o brejo é grande. Saber a medida certa do dendê é o nosso desafio na receita momesca. Carnaval, como diria o Zé Pereira, é vida na rua.

27. CORPOS EM DISPUTA

"Lá no morro da Mangueira
Eu vi o Seu Zé sambar
Cada passo que ele dava
Tinha uma história pra contar."

— Ponto de seu Zé Pelintra

AS RUAS são como arquivos, verdadeiras bibliotecas da história que pesquiso, escrevo e pela qual sou apaixonado. Ela, afinal, é ancorada em um princípio: malucos, crianças, mulheres, bichas, sambistas, funkeiros, amantes desesperados, fracassados em geral, a vizinha do lado, o fantasma, a iaô, a prostituta, a beata, a minha mãe, a passista da Mangueira, a filha de Deus e o filho do Diabo, o pierrô, a colombina, o pirata de araque, o bicheiro, o empurrador de carro alegórico, a assombração, o macumbeiro, o portuga do botequim, o Rei Momo, o Menino Jesus do teatrinho da quermesse e a rezadeira suburbana não são objetos da história. São sujeitos dela.

O CORPO ENCANTADO DAS RUAS

Partindo dessa premissa – e particularmente interessado em falar da cidade do Rio de Janeiro – me confesso fascinado pelo espírito do carnaval e pelo alcance que a festa tem para a nossa gente. O carnaval é perigoso. O controle dos corpos sempre foi parte do projeto de desqualificação das camadas historicamente subalternizadas como produtoras de cultura. Esse projeto de desqualificação da cultura é base da repressão aos elementos lúdicos e sagrados do cotidiano dos pobres, dos descendentes dos escravizados e de todos que resistem ao confinamento dos corpos e criam potência de vida. O corpo carnavalizado, sambado, disfarçado, revelado, suado, sapateado, sincopado, dono de si, é aquele que escapa, subindo no salto da passista, ao confinamento da existência como projeto de desencanto e mera espera da morte certa. O carnaval é o duelo entre o corpo e a morte.

A relação aparentemente amorosa entre o Rio de Janeiro e o carnaval quase nunca foi aceita como um destino sentimental, como certo discurso identitário e falsamente consensual de invenção do carioca quer fazer crer. O carnaval, pelo contrário, se inscreve na história da cidade como um aguçador de tensões. Cariocas amam o carnaval e cariocas odeiam o carnaval. A ideia do que deve ser a festa sintetiza a disputa entre a cidade preta, rueira, subterrânea, pecadora, e a cidade que se quis europeia, civilizada, enquadrada nos ditames da ordem e da redenção pelas luzes, pelo cifrão, pelo terno e pela cruz. A última, para seus defensores, deveria exterminar ou domesticar a primeira para existir.

Um discurso fácil dos que detestam a folia é aquele que vincula o carnaval ao "Brasil dos vagabundos", como se ninguém

CORPOS EM DISPUTA

trabalhasse nos dias de Momo. Eu fico imaginando o que essa turma pensa dos vendedores ambulantes, dos funcionários dos barracões de escolas de samba, dos músicos, cantoras e cantores, garis, porteiros, motoristas de ônibus, trocadores, condutores de trens e metrôs, cozinheiros, garçons, jornalistas, arrumadeiras e faxineiras de hotéis, costureiras de fantasias, motoristas de carros de som etc. A festa, e aqui me perdoem por falar o óbvio, bota muito feijão na mesa da gente mais simples da aldeia.

A festa em tempos de crise é mais necessária que nunca. A gente não brinca, canso de repetir isso, e festeja porque a vida é mole; a turma faz isso porque a vida é dura. Sem o repouso nas alegrias, cá pra nós, ninguém segura o rojão. Não dou a mínima para quem acha que não devemos ter carnaval e, ao mesmo tempo, não embarco nos discursos que justificam o carnaval exclusivamente pelo argumento de que a festa é lucrativa e vai gerar bilhões para a cidade. É ótimo que isso aconteça e que o dinheiro entre, mas vou botar água nesse chope: desde quando carnaval existe apenas para dar lucro? Desde quando isso é o critério fundamental para que tenhamos festa?

Do ponto de vista pessoal, encaro a rua no carnaval como um espaço para o esquecimento necessário. Por isso mesmo, acho que a tarefa carnavalesca dos próximos anos é das mais difíceis. É na rua que os amantes do carnaval andam tendo que driblar multidões coreografadas, materiais de propaganda de empresas que acham que o carnaval é apenas um momento da cultura do evento, celebridades duvidosas que usam a festa como forma de promoção e fortões compradores de abadás, péssimos bebedores, que serão usados em futuras sessões de musculação.

O CORPO ENCANTADO DAS RUAS

Entre a repressão e a grana, prefiro a quizomba de Momo, que, dentre outras coisas, guarda sentidos bem mais profundos, como aqueles que se situam no campo da cultura e são como o feixe de luz que entra pela brecha da porta que alguém tenta fechar, desnorteando o breu. O carnaval é uma experiência de invenção constante, precária e sublime, da vida dos brasileiros. O Brasil, afinal, é a nossa circunstância bonita, heroica, fracassada, maldita, amorosa, desgraçada, desesperadora e incontornável, feito o baticum do samba tomando a rua.

28. O SAMBA É UM DESCONFORTO POTENTE

"Quem samba fica
quem não samba vai embora
se é homem é meu senhor
se é mulher minha senhora
vou prá Bahia vou ver
barco correr no mar
no mar, eh! eh!
no mar."

— "Quem samba fica", Tião Motorista e Jamelão

AS RUAS são mães do samba, ainda que muitas vezes tentem trancar a criança em casa. Percebo que tem uma turma boa acreditando em uma dicotomia perigosa: a de que o samba é um retrato da nossa cordialidade como povo e o funk é o retrato de um Brasil violento, misógino e cruel. Um amigo acaba de me perguntar se eu concordo que o samba retrata um Brasil mais gentil, festeiro, carnavalesco.

O CORPO ENCANTADO DAS RUAS

Acho que a carnavalização do samba – aquele processo de vinculá-lo apenas ao perfil de música que borda a nossa suposta simpatia – foi e continua sendo em larga medida uma tentativa de domá-lo (seja por parte do Estado, da indústria fonográfica, da mídia, do mercado publicitário, de alguns sambistas etc.), exatamente porque o samba é muito mais complexo e problemático – no sentido de não se domar a análises superficiais – do que isso.

Muito mais do que gênero musical ou bailado coreográfico, o samba é elemento de referência de um amplo complexo cultural que dele sai e a ele retorna, dinamicamente. Nos sambas vivem saberes que circulam; formas de apropriação do mundo; construção de identidades comunitárias dos que tiveram seus laços associativos quebrados pela escravidão; hábitos cotidianos; jeitos de comer, beber, vestir, enterrar os mortos, amar, matar, celebrar os deuses e louvar os ancestrais. Reduzir o samba ao terreno imaginário onde mora a alegria brasileira do carnaval é um reducionismo completo.

Não custa recordar que o discurso do samba, e de toda a múltipla musicalidade oriunda da diáspora africana, também está no fundamento do tambor, que fala daquilo que nossas gramáticas não nos preparam para ler. O tambor – e são tantos! – vai buscar quem mora longe, e isso é muito sério.

O samba – de cara podemos lembrar até a complexidade de experiências que o definem – é testemunho e fonte documental para constatar as nossas contradições poderosas, o nosso horror e as nossas escapadelas pelas frestas da festa: o beijo na cabrocha, o assassinato de Malvadeza Durão, a alvorada no morro, a prisão do Chico Brito que fuma a erva do norte,

O SAMBA É UM DESCONFORTO POTENTE

a ilusão de um olhar, o mulato calado que já matou um e se garante na inexistência do X-9 em Mangueira, os poderes do jongueiro cumba, o batizado do neguinho vestido de anjo em Pirapora, o preconceito racial no casamento do neguinho e da senhorita, as porradas que o delegado Chico Palha enfiava em macumbeiro nos tempos da vadiagem, a navalha no bolso, o revólver como maneira nossa de entrar no século do progresso, a mulher vitimada pela violência, submissa como Amélia, rebelde e altaneira como Gilda; o tiro de misericórdia no menino que cresceu correndo nos becos que nem ratazana e morreu como um cachorro, gemendo feito um porco... Tá tudo no samba.

Foi exatamente o samba, sobre o qual reflito sistematicamente, que me fez perceber e encarar um Brasil de complexidades que não comportam dicotomias reducionistas. O samba é um desconforto potente para que o Brasil se reconheça como produtor constante de horror e beleza. É o filho mais duradouro dos tumbeiros, em tudo que isso significa de tragédia, redenção, subversão, negociação, resistência, harmonia, violência, afeto, afirmação de vida e pulsão de morte na nossa história. O samba é a entidade mais poderosa das falanges da rua.

29. NAS FRESTAS DO MUNDO

> "Eu sou Jurarazinho
> Lá do poço de beber
> Eu vejo gente
> Gente não me vê."
>
> — Ponto de encantaria do mestre Jurarazinho

AS RUAS do Rio e de João do Rio têm no escritor Marques Rebelo um cronista dos seus saberes. Ancorado no porto de alguma esquina, Rebelo dizia que uma cidade é feita de várias cidades. A sentença é um golaço que fala do Rio de Janeiro como uma segunda do Marçal numa primeira do Bide ou uma desaforada da dupla Bosco e Blanc. Por isso mesmo acho bom esclarecer de qual dos Rios eu venho.

Cresci em uma cidade que sacraliza o profano e, ao mesmo tempo, profana o sagrado. Aprendi a rezar para os deuses sem deus nas arquibancadas de cimento do Maracanã, ao lado do pai e do avô, como um menino achando que o sabor da vida era o da laranja-lima que comprávamos na entrada do estádio

O CORPO ENCANTADO DAS RUAS

e chupávamos subindo a rampa; aquela que levava ao túnel. Atravessado na corrida, dele se descortinava o umbigo do mundo entre duas traves e uma marquise mais alta que o céu incendiado.

Sou de um Rio em que o cantor de tangos Carlos Gardel baixava em um centro espírita na Fazenda da Bica, entre Quintino e Cascadura. Nas sessões em que descia, tendo como cavalo uma manicure de um salão cheio dos salamaleques e elegâncias tijucanas, Gardel cantava tangos em lunfardo, a fala cheia de gírias do porto de Buenos Aires. Acompanhando Gardel no bandoneon, baixava o espírito de um tupinambá que, segundo o próprio, saiu no cacete com os portugueses no século XVI, durante a batalha de Uruçumirim. O tupinambá aprendeu a tocar bandoneon depois de morto e fez com Gardel, que meu avô que não falava espanhol só chamava de El Zorzal Criollo, uma dupla da pesada.

A minha cidade é a das barbearias de rua, botequins vagabundos, açougues e quitandas de esquina. É bem distante, portanto, da onda mais recente das barbearias descoladas dos shoppings, dos bares de grife, das butiques de carne e dos hortifrútis que mais parecem enfermarias de frutas. Um Rio das sociabilidades meninas dos debicadores nas alamedas dos cemitérios suburbanos em tempo de pipa, dos pregoeiros da Central, dos torneios de sueca nas praças, dos artistas anônimos do Japeri, dos boiadeiros cavalgadores dos ventos e de certo Zé de terno de linho e chapéu-panamá; malandro que saiu das Alagoas e chegou firmando ponto no largo da Lapa, no arrepiado das capoeiras.

118

NAS FRESTAS DO MUNDO

Nos últimos anos comecei a amadurecer dois princípios que hoje são a base do que escrevo. O primeiro é o de que os temas que me interessam são vinculados aos processos de invenção e reconstrução de laços de sociabilidade no campo das sapiências das ruas: sambas, escolas de samba, carnavais, terreiros, pequenos comércios, quermesses de igrejas, saberes da trívia e os modos de criação da vida de crianças, mulheres e homens comuns: aquilo que podemos definir como cultura.

O segundo é o de que recebi da minha criação uma herança da qual não quero abrir mão. Nasci dentro de um terreiro, neto de uma mãe de santo versada nos segredos da encantaria que rezava pra tirar quebranto com guiné, saião e fedegoso. Fui batizado nos conformes da curimba, protegido pelo caboclo Peri e oferecido aos cuidados da Dindinha Lua num terreiro de Nova Iguaçu. Corri descalço nas ruas da Baixada Fluminense – numa delas meu umbigo está enterrado –, morei em Laranjeiras, bairro querido, joguei bola no Jardim Clarice, brinquei de pique-esconde no Valqueire, frequentei matinês nos cinemas de Botafogo e me apaixonei pela moça que se transformava na Konga, a mulher gorila do Parque Shanghai. Nunca fui de praia. Gosto do sol, mas ele me detesta.

No meio do fuzuê, entre sons de tiro, ladainhas, aleluias, sambas, tambores, tombos, tapas, ruídos de buzinas, espasmos de amor e ódio, flores de feira e punhais afiados, vou seguindo em um território em disputa, com a certeza de que o tempero da cidade é o sal da memória dos dias longos e da noite grande. A lufada de esperança vaga que tenho é porque continuo apostando que nos deslocamentos e nas frestas – entre as gigantescas

O CORPO ENCANTADO DAS RUAS

torres empresariais viradas em esqueletos de concreto, as ruínas de arenas multiúsos e as vielas de lama e sangue – os couros percutidos continuarão cantando a vitória da vida sobre a morte no terreiro grande da Guanabara.

A nossa história afirma isso em cada gargalhada zombeteira dos exus, no desengasgo de São Brás e nos três pulinhos de São Longuinho. Somos filhos das sonoridades insinuantes e dos corpos em transe; crias dos gritos, cantos e acalantos que saem dos terreiros entocados, das brechas do fim do mundo, das tocas de bicho-homem, das saias das pombagiras, da lua de Luanda, e da terra que nos pariu e nos ensinou que a vida, feito o samba do Hermínio e do Paulinho para a Mangueira, não é só isso que se vê. Tem que ser um pouco mais que o mundo e do tamanho da rua.

30. ATORMENTANDO OS PODEROSOS

"Não fala com pobre, não dá mão a preto
Não carrega embrulho
Pra que tanta pose, doutor
Pra que esse orgulho
A bruxa que é cega esbarra na gente
E a vida estanca
O enfarte te pega, doutor
E acaba essa banca
A vaidade é assim, põe o tonto no alto
E retira a escada."

– "A banca do distinto", Billy Blanco

AS RUAS atormentam o poder. Em 1892, durante o governo do marechal Floriano Peixoto, o carnaval foi transferido de fevereiro para junho. O argumento do Ministério do Interior, órgão responsável pela mudança, foi o de que o verão era mais propício ao horror de epidemias mortais no Rio de Janeiro, mais fáceis de ocorrer com todo mundo amontoado nas ruas.

O CORPO ENCANTADO DAS RUAS

O carnaval matava, em suma. Parte da população não perdeu tempo: brincou em junho e se esbaldou em fevereiro, saindo no cacete com a polícia, se fantasiando de morte e ignorando a ideia saneadora. Antes que a moda de dois carnavais pegasse, o governo recuou da proposta no ano seguinte.

Como o carnavalesco Leandro Vieira sabe e o enredo da Mangueira de 2018 ensinou, ao falar de carnavais como maneiras políticas de ocupar a cidade, e ainda que os dirigentes das escolas de samba pareçam desconhecer o fato, o carnaval é o mais politizado dos folguedos brasileiros. Por aqui a gira de caboclo, a festa de São Jorge, a procissão do padroeiro, os entrudos, corsos, batalhas de confetes e flores, a festa da Penha, as rodas de capoeira, os bailes, blocos, rodas de pernada, ranchos, cordões, grandes sociedades, bailes de mascarados e escolas de samba foram os espaços de invenção da vida no precário e viração da morte em alegria e arte.

A festa é espaço de subversão de cidadanias negadas. Inventou -se na rua a aldeia roubada nos gabinetes. Disciplinar a rua, ordenar o bloco, domesticar os corpos, sequestrar a alegria (prova dos nove!) e enquadrar a festa, por sua vez, foi a estratégia dos senhores do poder na maior parte do tempo. Do embate entre a tensão criadora e as intenções castradoras, a cidade é um terreiro em disputa que pulsa na flagrante oposição entre um conceito civilizatório elaborado exclusivamente a partir do cânone ocidental, temperado hoje pela lógica empresarial e evangelizadora, e um caldo vigoroso de cultura das ruas forjado na experiência inventiva de superação da escassez e do desencanto.

ATORMENTANDO OS PODEROSOS

Em 1912, no início de fevereiro, morreu o barão do Rio Branco. O carnaval foi adiado para abril. O argumento utilizado foi o de que a cidade estava em choque com o falecimento. Mais uma bola fora. O barão foi para o beleléu e o carioca foi às ruas bater bumbos, subvertendo a versão de que o Rio vivia um luto coletivo. O povo ainda comemorou a morte do velho Rio Branco saindo no cacete com a polícia e cantando uma quadrinha das mais espirituosas: "O barão morreu/ Teremos dois carnavá/ Ai que bom, ai que gostoso/ Se morresse o marechá." O "marechá" da morte desejada aos berros de alegria era o presidente da República, o marechal Hermes da Fonseca.

Em 1904, 1907 e 1912, a prefeitura proibiu rodas de samba e carnavais fora de época na Festa da Penha, conforme atesta a professora Rachel Soihet no excepcional livro *A subversão pelo riso*. A rapaziada foi lá, zombou da proibição e fez. Havia ordem de prisão para capoeiristas. O pau quebrou, o berimbau puxou a chula, a baiana meteu a pimenta no vatapá, a cangebrina amenizou a viração e o Rio de Janeiro afirmou a rua como espaço civilizatório.

No final da década de 1920, o Conselho Municipal da cidade sugeriu a extinção da festa. O argumento dos carrancudos membros do Conselho era o de que a proibição acabaria com os distúrbios gerados pelo furdunço. O caricaturista J. Carlos, conhecedor das coisas da cidade, manifestou-se contra a proibição em uma charge na revista *O Malho*, que trazia uma sentença definitiva de alerta aos poderosos de plantão: "Acabar com o carnaval? Cuidado, conselheiros. Por muito menos fizeram a Revolução Francesa!".

O CORPO ENCANTADO DAS RUAS

Os fatos acima mostram que a relação aparentemente amorosa entre o Rio e o carnaval quase nunca foi aceita como um destino sentimental da cidade, como certo discurso identitário e falsamente consensual de invenção do carioca quer fazer crer. O carnaval, pelo contrário, se inscreve na história da cidade como um aguçador de tensões.

Cariocas amam o carnaval e odeiam o carnaval. A ideia do que deve ser a festa sintetiza a disputa, inscrita na história, entre a cidade rueira, subterrânea, pecadora, e a cidade que se pretende europeia ou norte-americana, enquadrada nos ditames da ordem e da redenção pelo cifrão, pelo terno e pela cruz. A última, para seus defensores, deveria exterminar ou domesticar a primeira para existir. O embate pelo carnaval carioca é lambuzado de contradições, rasuras, interações, novos sentidos e velhas tramas entre o corpo em transe e o corpo em pecado no calor da rua.

31. A CIDADE VIVE E ARDE

"A brisa me levou para o Egito
Onde um solfejo lindo da cantora de Amon
Ecoa sob a lua e o sereno
Perfumando a deusa Vênus sem jamais sair do tom
Marajó, Carajá, Bororó
Em cada canto um herdeiro de Luzia."

– Imperatriz Leopoldinense, 2018

AS RUAS chamam para a cerveja, mas vez por outra o figueiredo faz a gente maneirar. Não faz muito tempo que resolvi fazer exercícios físicos. Morando perto da Quinta da Boa Vista, planejei caminhar pelas alamedas do parque três vezes por semana. No primeiro dia, antes das dez da matina, topei com um sujeito paramentado para correr. Dotado de comovente barriga, óculos escuros, tênis cheio de borogodó, camiseta cavada e o escambau, o cidadão estava sentado em uma das carrocinhas próximas aos quiosques da entrada do Jardim Zoológico, comendo um cozido e tomando uma cerveja. Solidário ao atleta e comovido com a cena, desisti da caminhada e pedi uma gelada.

O CORPO ENCANTADO DAS RUAS

Com todo o respeito que o Jardim Botânico e outros parques merecem, sou dos que acham que a Quinta da Boa Vista é o grande parque carioca. O velho terreno entre o rio Maracanã e os sacos de São Cristóvão e Inhaúma, doado a d. João pelo comerciante português Elias Antônio Lopes, tem história até dizer chega. Não falo apenas do passado imperial, presente ainda no Paço de São Cristóvão e na alameda das Sapucaias, parte do projeto do paisagista francês Auguste François Marie Glaziou.

Refiro-me a uma Quinta da Boa Vista praticada pela cidade; marcada pelos piqueniques dominicais, pela matraca do vendedor de quebra-queixo, pelas pipas rabiscando o céu e pela algazarra dos colegiais que sacaneavam o pinto murcho do indígena embalsamado do Museu Nacional. Falo da Quinta dos namorados se atracando atrás da estátua de d. Pedro II, das sessões de fotografias das debutantes suburbanas na gruta artificial e da zorra da criançada descendo gramados em pedaços de papelão. De vez em quando um pestinha mais afoito vai parar no lago dos pedalinhos.

Não me esqueço também da turma que tenta conseguir no zoológico, com a maior discrição, unha de macaco pra fazer simpatia pra acalmar o chefe e um pouquinho de cocô de elefante para curar asmáticos, conforme velha receita de antanho. Dizem que é tiro e queda.

Por falar no Jardim Zoológico, fui lá dia desses com o meu filho. Abrimos o parque. Sabendo que no domingo o bicho pega e a partir de certa hora o esquema é de sardinha em lata, chegamos vinte minutos antes da abertura e fomos os primeiros da fila. Em um ato imaturo, apostei corrida com o moleque

A CIDADE VIVE E ARDE

para ver quem entrava primeiro e ganhei, para inconformismo dele. Vibrei intensamente e dei socos no ar, à Pelé.

O Museu Nacional, situado na alameda principal do parque, completou 200 anos em 2018. Para quem não sabe, numa cidade dada a esquecimentos, o museu foi a primeira instituição científica do Brasil e o maior centro de história natural da América Latina. Lembro-me de que, quando moleque, fiquei impressionadíssimo com a minha primeira visita ao local. Sonhei com múmias, meteoros, baratas gigantes, onças, caetés e incas por mais de uma semana. Abandonei o projeto infantil de ser astronauta, passei a decorar nomes de dinossauros e resolvi que seria arqueólogo. Como parte dos festejos do bicentenário, o museu foi homenageado pela Imperatriz Leopoldinense, com um samba capaz de acordar as múmias, ressuscitar o rei do Daomé e derreter o meteorito do Bendegó.

No que deveria ser, entretanto, a comemoração de um aniversário ao som do samba, o museu foi destroçado por um incêndio devastador, metáfora ardente dos descaminhos da cidade e arrasadora dispersão do axé que a casa concentrava.

Os indígenas de Moraná, a praia sagrada do Xingu, acreditam que nos troncos de árvores moram encantados os espíritos de seus ancestrais. Quando um terreiro de candomblé é criado, planta-se no solo, em cerimônias que envolvem elementos da natureza, o axé (força espiritual) da casa, que perpetuará naquele local o acúmulo de saberes que a ancestralidade proporciona à comunidade. O Museu Nacional era também uma árvore sagrada e um terreiro. A devastação do museu, consumido pelo fogo do descaso, é a dispersão do axé, a queda dos troncos das

O CORPO ENCANTADO DAS RUAS

árvores sagradas, o esfacelamento do elo de ancestralidade que faz a vida em comunidade ser possível.

O citado samba da Imperatriz Leopoldinense para o carnaval de 2018 dizia em certo trecho: "Em cada canto, um herdeiro de Luzia." A frase sintetiza a ideia belíssima e plural de humanidade que o museu sugeria: carajás, bororós, marajoaras, incas, egípcios, povos do Daomé; herdeiros de ancestralidade comum, representados pelo fóssil humano mais antigo encontrado no Brasil. O museu sempre me pareceu dizer em suas salas: estamos no mesmo barco.

Um lugar não se limita à matéria de seus alicerces. Nele estão amalgamados memórias, aspirações, anseios, sonhos, alegrias e invenções da vida de incontáveis gerações. Um museu, além do acervo, é também resultado das experiências intangíveis, matéria da memória acumulada pelos que nele experimentaram a aventura do conhecimento. O incêndio do Museu Nacional, na Quinta da Boa Vista, destrói um acervo crucial para o Brasil – com 20 milhões de peças –, escancara o descompromisso com a ciência por parte do poder público e rasga o peito de um país que parece ter propensão para destruir os seus lugares de memória.

Dos figurões de ternos elegantes só podemos esperar mesmo o desencantamento do mundo à mão armada, o sucateamento, a brutalidade, o desprezo pela aventura do conhecimento. Na tristeza das primeiras horas da devastação, ocorreu-me que meu pai me levou e eu levei o meu filho ao Museu Nacional Meu moleque provavelmente não terá nada a mostrar para os que virão. Não é ao passado que assistimos consumido pelas chamas. Quem queimou ali foi o futuro dos herdeiros de Luzia: sem escola, sem museu, sem rua.

32. FLECHAS INVISÍVEIS

"Ele atirou, ele atirou,
Ninguém viu
Só Pena Branca é quem sabe
Aonde a flecha caiu."

-- Ponto de caboclo

AS RUAS sabem chamar quem mora longe. Uma cena de Ano-
-Novo inesquecível para mim é a da vizinha católica que na
noite da virada tomava uns biricoticos a mais, virava na d. Maria
Padilha, saía gargalhando com uma garrafa de sidra de macieira
pelas escadas do prédio em que eu morava e despachava na esquina para garantir a sorte no novo ciclo. Depois de aprontar,
a Padilha dava passagem para o caboclo da dona, que metia
esporro em todo mundo e lançava flechas imaginárias para tudo
quanto é lado, garantindo matar as coisas ruins do ano que
findava. É o tipo de coisa que moldou a minha personalidade
e o meu assombro com o mundo.

O CORPO ENCANTADO DAS RUAS

Final de ciclo é tempo de todos os tipos de crendices e superstições. Acho que vale tudo pra afastar a uruca: saltar sete ondas; vestir cuecas e calcinhas novas; tomar banho de arruda; andar feito Saci-Pererê, repetindo a oração da cabra preta de *O livro de São Cipriano*; vestir a cor do orixá regente; comer duzentas uvas fazendo pedidos; beber champanhe de cabeça para baixo; imitar índio do Velho Oeste; cantar "Pirulito que bate-bate" em chinês; tomar passe espírita de caboclo mais fajuto que nota de três reais; e outros babados.

Ouço dizer aqui e ali que o próximo Réveillon vai ser minguado na praia, em virtude da crise. Eu tenho uma sugestão melhor, que evidentemente vai ser ignorada, sobre o que o poder público e os gestores do turismo deveriam fazer nas praias na última noite do ano: nada. Apenas não atrapalhem e deixem, por exemplo, que os terreiros de umbanda voltem a fazer uma comemoração que foram eles, os terreiros, que inventaram. A festa é garantida.

A iniciativa de fazer a festa na praia de Copacabana partiu da turma que acompanhava Tancredo da Silva Pinto, o Tata Tancredo, líder religioso, sambista e personagem fundamental da cultura do Rio de Janeiro. "Tata" é título de grande sacerdote em cultos de origem angolo-congoleses (bantos). Nascentes e Nei Lopes, que manjam do babado, o vinculam ao termo multilinguístico *tata* ("pai", no quimbundo e no quicongo).

Tata Tancredo nasceu em 1905, em Cantagalo. Foi parceiro e gravou com Moreira da Silva, Blecaute, Zé Kéti, Jorge Veiga e outros tantos. Conheceu a turma toda do Estácio de Sá, a geração de ouro que inventou o "samba de sambar", característico

FLECHAS INVISÍVEIS

do Rio de Janeiro, e participou dos fuzuês que envolveram a criação da Deixa Falar. Sua música mais conhecida é "General da banda" – louvação a Ogum e evocação das rodas de pernada e batucadas –, gravada pelo Blecaute.

Os poucos relatos existentes indicam que o avô de Tancredo Silva foi bamba do carnaval de Cantagalo, onde fundou os blocos Avança e Treme-Terra e o Cordão Místico, uma mistura de carnaval, festa de caboclo e ritual africano, conforme relatado, em 1976, na *Revista da Congregação Espírita Umbandista do Brasil*. A tia de Tancredo, Olga da Mata (que foi mãe de santo com casa aberta em Caxias), saía no cordão vestida de rainha Ginga.

Pois foi a turma do Tata Tancredo que resolveu difundir a ideia do fim de ano na praia, em um furdunço que não excluía ninguém. Ateus, católicas, crentes, budistas, flamenguistas, tricolores, bacalhaus e botafoguenses, por via das dúvidas, garantiam o ano bom recebendo passes de caboclos e pretas velhas nas areias, com direito a cocares, charutos e sidra de macieira. Quem não quisesse curtir uma curimba montava a farofada na areia, e a festa comia solta da mesma forma.

A confraternização nas areias de Copacabana virou atração turística, atrai gente de tudo quanto é canto, gera divisas e garante a ocupação da rede hoteleira. Em contrapartida, os atabaques foram silenciados e os terreiros buscaram alternativas para continuar batendo em praias fora da centralidade turística, driblando ainda a intolerância e o fanatismo de uma turma. A festa, que era um potente evento da cultura, andou nos últimos tempos sucumbindo aos ditames da cultura do evento, aquela que espetaculariza tudo como simulacro. Tem

O CORPO ENCANTADO DAS RUAS

até pacote turístico que já inclui o barquinho de Iemanjá e revista de celebridade que monta cercadinho com jogo de búzios fashion. A elitização do furdunço é evidente nos espaços reservados nas areias, controlados por grupos privados, hotéis, quiosques e similares.

Eu me agarro, em tempos difíceis, ao exemplo do Tata Tancredo Silva para ainda acreditar na cidade do Rio de Janeiro e na capacidade que temos de inventar a vida no perrengue, dando nó no rabo da tinhosa e fazendo a festa. Não se faz festa, afinal, porque a vida é boa. A razão é exatamente a inversa. No fim das contas, sou ainda o menino que acredita nas flechas invisíveis dos caboclos. Que elas atinjam os alvos certos, abatendo os pássaros da morte, inimigos da rua.

33. A CIDADE E AS CRIANÇAS

"Tem bala de coco e peteca
Deixa a criança brincar
Hoje é dia de festa
A ibejada vem saravar."

– Ponto de erês

AS RUAS vivem quando são dos erês e morrem quando são
dos carros. Sonho com um projeto que pretendo colocar em
prática quando o tempo permitir: escrever um manual com as
regras fabulares da amarelinha, da carniça, do jogo de botão,
do preguinho, do pique-bandeira, das cirandas cirandinhas, do
lenço-atrás, do futebol em ladeiras, do queimado e das variantes
da bola de gude. O título está pronto: "Ecologia Amorosa das
Brincadeiras de Rua".

Alguém há de perguntar se brincadeiras infantis têm lugar
em um debate sobre cultura. Eu devolvo de prima: é claro que
sim. Cultura não se restringe a evento nem é um terreiro onde
só os adultos dançam. Cultura é a maneira como um grupo

O CORPO ENCANTADO DAS RUAS

cria ou reelabora formas de vida e estabelece significados sobre a realidade que o cerca: as maneiras de falar, vestir, comer, rezar, punir, matar, nascer, enterrar os mortos, chorar, festejar, envelhecer, dançar, silenciar, gritar e brincar.

O léxico de diversas brincadeiras e folganças de rua me parece importantíssimo para uma gramática afetiva da cultura brasileira. Exemplifico: no *Dicionário mor da língua portuguêsa*, de Cândido de Oliveira, a expressão "carniça" tem como uma de suas acepções a de "pessoa que é objeto de motejos". Luiz da Câmara Cascudo afirma a mesma coisa. Certamente vem daí a expressão "pular carniça" para a brincadeira infantil que hoje anda quase desaparecida nas cidades. Na Idade Média britânica registra-se a brincadeira do *leapfrog* (saltar sobre a rã), cujo verbo guarda o sentido de se dar bem "passando por cima" de outra pessoa, e parece ser o mesmo folguedo que, com os portugueses, chegou ao Brasil.

Outro exemplo é o do jogo do caxangá, o da canção "Escravos de jó". Esse "jó" vem do quimbundo *njó*, "casa". Escravos de *jó* são, portanto, os escravos de casa. Caxangá é um jogo de pedrinhas e tabuleiro. Tem gente que acha que o jó é uma pessoa; quem sabe o da Bíblia?, que sofreu feito doido as provações de Jeová.

A educação infantil deve priorizar a criança brincando com espaço e tomando um "não!" pela cara de vez em quando, para saber que não é dona do mundo mas pode se divertir nele sem culpas. Os nossos dias de indelicadezas maltratam a falange de erê. A adultização de meninas e meninos é acompanhada pela infantilização dos adultos, e a agonia da rua como lugar de encontro, derrotada pela rua vista como ponto de passagem e circulação de bens, redefine até os padrões das amizades infantis. Sem a rua para brincar, as crianças – quando não são

A CIDADE E AS CRIANÇAS

as vítimas principais do abandono, da desigualdade social, da intolerância e da violência urbana – acabam construindo amizades circunscritas ao ambiente das famílias e escolas.

A limitação das amizades de escola é evidente: os alunos da mesma turma são submetidos ao mesmo padrão de aprendizagem. A escola ocidental, fundamentada no ensino seriado e na fragmentação de conteúdo, é geralmente normativa, padroniza comportamentos e corpos. E a diferença? A rua poderia resolver isso. Se a escola normatiza, a rua deveria ser o lugar capaz de permitir o convívio entre os diferentes. Para brincar, afinal, há que se ter a disponibilidade de tempo e espaço e a experiência da escassez que permite a invenção. As crianças de hoje não têm nada disso, atoladas em múltiplas atividades, reféns do consumo do objeto vendido pronto e confinadas entre muros concretos e imaginários, erguidos com a dureza de cimentos, preconceitos e medos.

A cidade que deveria proporcionar a circulação de saberes é cada vez mais a que proporciona a circulação de mercadorias e monstros sobre rodas. Nela, a rua como espaço de interação social entre crianças está morrendo. Eu fiz nas ruas grandes amigos; meu filho provavelmente não fará.

Em certa ocasião, fui com meu moleque a uma praça reformada – a Xavier de Brito, na Usina – e perguntei para a garotada se eles tinham sido consultados sobre a reforma, para saber se a disposição dos brinquedos estava nos conformes. Nenhum foi ouvido. Os donos do poder desconsideram que a cidade é também um espaço em que as crianças vivem e brincam.

O CORPO ENCANTADO DAS RUAS

A cidade em que a criança não toca o rebu é o sanatório dos adultos. A cidade em que os adultos só trabalham é um presídio de crianças. Poucos parecem considerar a questão como urgente e necessária; antes que restem aos erês apenas baixar aplicativos para rodar o pião que não tem mais chão, pular amarelinhas virtuais e empinar a pipa que não conhece o céu.

Pedagogia infantil, insisto, é deixar a criança brincar e desenvolver aptidões ludicamente. O resto é formar gente triste para os currais do mercado de trabalho. A criança precisa da arrelia das brincadeiras, e a humanização do mundo passa – como um espaço de folguedo, flozô e furdunço – pelo encantamento radical da rua.

34. FLOR NA FENDA

"Numa vasta extensão
Onde não há plantação
Nem ninguém morando lá
Cada pobre que passa por ali
Só pensa em construir seu lar
E quando o primeiro começa
Os outros depressa procuram marcar
Seu pedacinho de terra pra morar."

– "Favela", Jorginho Pessanha e Padeirinho

AS RUAS nasceram quando chegaram, numa espécie de diáspora urbana, as mulheres e os homens. Situada entre o morro do Retiro e a serra do Quitungo – nas terras da antiga Fazenda do Retiro –, a Vila Kennedy foi construída para receber as populações desalojadas pelas remoções das favelas do Esqueleto, do Pasmado e de Ramos, na década de 1960, durante o governo de Carlos Lacerda A construção recebeu recursos da Aliança para o Progresso, programa do governo norte-americano de John F. Kennedy voltado para a América Latina no contexto da Guerra Fria.

O CORPO ENCANTADO DAS RUAS

Diante do que ocorreu na Vila Kennedy na semana passada,* recordei-me de um ditado em umbundu – língua falada pelos ovimbundos do planalto central de Angola –, que conheci no livro *Roda dos saberes do cais do Valongo*, organizado pelo mestre Délcio Teobaldo, jongueiro, prosador, músico e sabedor da língua das folhas que curam: *Capwa kiso kutima oko cili.* Em tradução livre, "não é porque não vivemos uma história que deixamos de senti-la". É essa capacidade que nos humaniza.

Não é possível que a população do Rio de Janeiro fique indiferente ao que aconteceu com a chegada de agentes da Guarda Municipal e da Secretaria de Ordem Pública na Vila. Mais de trinta quiosques de pequenos comerciantes locais foram derrubados. O prefeito admitiu em nota o uso desproporcional da força na operação e prometeu ressarcir os trabalhadores.

A intervenção brutal em um espaço ignorado ao longo de anos pelo poder público – descaso histórico que faz com que a própria população construa, à margem da ordem institucional, seus mecanismos de sobrevivência, sociabilidade, trabalho e lazer – é puro temor obsessivo de multidões.

---

* A Vila Kennedy foi o primeiro local escolhido para a intervenção federal na segurança pública do Rio de Janeiro. No dia 9 de março, sexta-feira, aproveitando o momento em que militares faziam uma operação na região (seria a quinta em apenas duas semanas), agentes da Guarda Municipal e das secretarias da Fazenda e da Ordem Pública, acompanhados por operários com picaretas, tratores, escavadeiras e marretas, passaram por cima de mais de trinta barracas e quiosques. No mesmo dia, mas horas depois do acontecido, o prefeito da cidade do Rio de Janeiro, Marcelo Crivella, escreveu uma nota afirmando que "houve uso desproporcional da força, atingindo desnecessariamente trabalhadores".

FLOR NA FENDA

O conjunto habitacional foi inaugurado em janeiro de 1964. Quatro anos depois, em 1968, foi fundado o bloco (hoje é escola de samba) Unidos da Vila Kennedy. Como muitos dos habitantes eram oriundos da favela do Esqueleto – onde hoje está a Uerj –, bem próxima ao morro da Mangueira, com centenas de moradores que desfilavam na verde e rosa, a bateria da Vila Kennedy tem as mesmas características da bateria da Estação Primeira, inclusive em relação à peculiar batida do surdo.

Não surpreende que uma das iniciativas de construção de sociabilidades na nova comunidade tenha sido a criação de um bloco carnavalesco e que, entre os diversos quiosques destruídos, vários sejam de comidas e bebidas. Festejar, tocar tambor, tomar umas geladas depois do trabalho, comer a tapioca com gosto do Nordeste, mandar brasa no churrasquinho, jogar conversa fora depois do perrengue do trabalho e da experiência de sardinha em lata dentro do ônibus, no eterno engarrafamento da avenida Brasil na hora do sufoco, é o mínimo que se pode fazer para que a condição humana prevaleça diante de tudo que a embrutece. E há de prevalecer.

García Márquez escreveu que a vida, mais do que a morte, é a que não tem limites. Em um Rio de Janeiro distante do mar, sem o já raiou a liberdade, o povo heroico e o brado retumbante, há quem continue insistindo em colocar na água suja da aldeia, todos os dias, um barquinho conduzido nos tempos do cólera por ela mesma, a danada da vida: sem limites e brotando como flor nas fendas de um muro cinza bordeando a rua.

35. A CIDADE DA SABINA

"Vovó tem sete saias
Na última saia tem mironga
Vovó veio de Angola
Pra salvar filhos de umbanda
Com seu patuá e a figa de Guiné
Vovó veio de Angola pra salvar filhos de fé."

– Ponto de preta velha

AS RUAS do Rio de Janeiro garantiam o sustento de Sabina, uma quitandeira que trabalhava na cidade em 1889, ano em que a Monarquia foi derrubada. Pouco antes da queda de d. Pedro II, mais precisamente em julho, os estudantes de medicina, republicanos até os ossos e principais clientes das laranjas que Sabina vendia, alvejaram com as frutas do tabuleiro da vendedora a carruagem do visconde de Ouro Preto, figurão do Império, que cruzou à frente da escola. Na manhã seguinte, o subdelegado da região chegou com uns policiais brucutus e expulsou Sabina do ponto, além de apreender seu tabuleiro e levar as laranjas sabem os deuses para onde.

O CORPO ENCANTADO DAS RUAS

Os clientes de Sabina resolveram armar um protesto contra a arbitrariedade. Percorreram o Centro da cidade com laranjas espetadas em bengalas e receberam boa adesão da população. A marcha era precedida por um estandarte com uma coroa feita com bananas e leguminosas e uma faixa em homenagem ao homem da lei: ao exterminador das laranjas.

Em pouco tempo, as ruas do Centro estavam tomadas por uma passeata repleta de laranjas. Fez-se um carnaval fora de época nas esquinas cariocas. Os manifestantes saíram do largo da Misericórdia, percorreram a Primeiro de Março e, ao entrarem na rua do Ouvidor, saudaram as redações dos principais jornais e receberam mais adesões e vivas entusiasmados. Diante da reação popular causada pela expulsão da quitandeira, o subdelegado pediu demissão e a chefatura de polícia admitiu que a quitanda de rua voltasse a funcionar no mesmo local.

A saga de Sabina vive na encruzilhada em que mito e história se encontram – há quem afirme que a punida não foi ela, mas outra vendedora de sua quitanda, de nome Geralda. Não importa: Sabina estava imortalizada pela cultura das ruas. Em 1890, os irmãos Arthur e Aluísio Azevedo popularizaram a quitandeira na revista teatral *A República*. A artista que representou Sabina no teatro era uma grega branquela chamada Ana Menarezzi.

Poucas histórias são mais emblemáticas do sarapatel carioca que a das laranjas da Sabina: quem alvejou a carruagem do visconde de Ouro Preto com frutas foram estudantes de medicina. Quem pagou o pato foi a mulher negra quitandeira que estava trabalhando. A adesão de uma parte da população à causa de Sabina é típica de certa solidariedade de rua, aquela que vez por

A CIDADE DA SABINA

outra nos restitui a esperança no meio do desencanto. Por outro lado, Sabina, negra, ter sido representada pela grega Menarezzi indica o emblema do racismo de uma cidade fundada para expulsar franceses que um dia resolveu ser francesa para esconder que é profundamente africana.

No meio de tudo isso, a estrela maior do Rio de Janeiro, personagem mais fascinante e incômoda da aventura civilizatória na Guanabara: a Rua (com letra maiúscula). Disputada, tensionada, cantada, praticada como terreiro e desencantada pelos automóveis. Rua da Quitanda de Sabina, da truculência do poder, da gramática dos corpos que passam ou sambam, do corpo de Marielle crivado de balas, amarrado ao poste por justiceiros, encantado pela fantasia de carnaval, rejuvenescido por cocares do Cacique e embalado pela fanfarra do Bola Preta. Rio que fede, nauseia e, ao mesmo tempo, aduba e revigora a nossa renitente mania de montar de novo a quitanda, que alguns insistem em arrasar, no meio da rua.

36. QUE GENTE É ESSA?

"A carrocinha pegou
Três cachorros de uma vez
Ai, ai, ai, que gente é essa?
Ai, ai, ai, que gente má."

– Cantiga de roda

AS RUAS do Rio de Janeiro, sem as crônicas de Lima Barreto, seriam como Troia sem Homero e Canudos sem Euclides da Cunha. Quem há de contar o drama de suas histórias?

Na crônica "A carroça dos cachorros", de 1919, Lima Barreto retrata como a passagem da carrocinha, com o objetivo de recolher os animais de rua, gerava entre os cariocas uma corrente imediata em defesa dos cães ameaçados pelos guardas municipais e praças de polícia. Barreto descreve um diálogo entre d. Marocas e d. Eugênia: "Vizinha! Lá vem a carrocinha! Prenda o Jupi!"

Comovia ao escritor como as pessoas saíam escondendo os cachorrinhos; especialmente as mulheres pobres, aquelas que

O CORPO ENCANTADO DAS RUAS

mais amavam os cães sem dono que, ao mesmo tempo, eram de todo mundo. Alquebrado pelas mazelas da vida, o escritor revela que a cena da mobilização da população contra a carrocinha o fazia bendizer ainda a humanidade. Para finalizar, Lima Barreto afirma que se o poder público está no direito, estabelecido pela lei, de recolher os animais de rua, as pessoas estão em seu dever de defendê-los; e é assim que a vida cotidiana vai sendo tecida.

Na mesma toada da crônica de Lima Barreto, um grupo de foliões cariocas, no carnaval de 1904, protestou contra as carrocinhas da prefeitura de Pereira Passos. Segundo o jornal *O Paiz*, de 16 de fevereiro, os defensores dos cães acusavam o prefeito de impedir "a canina estirpe de viver e gozar da plena liberdade das ruas da capital", e distribuíam um panfleto com os seguintes versos: "Essa gaiola bonita/ Que aí vai sem embaraços/ É a invenção mais catita/ Do genial dr. Passos./ Agarra! Cerca! Segura!/ – Grita a matilha dos guardas –/ Correndo como em loucura/ Com um rumor de cem bombardas./ Terra sempre em polvorosa/ Bem igual no mundo inteiro/ Cidade maravilhosa!/ Salve, Rio de Janeiro".

Essa é uma das primeiras vezes em que a expressão "cidade maravilhosa" aparece para designar o Rio, com um sentido bem distante do viés apologético que ela adquiriria depois. Em 1913, a poeta francesa Jane Catulle Mendès publicou em Paris o livro *La Ville Merveilleuse*, impressionada com uma viagem à cidade realizada em 1911, e fascinada pelas belezas cariocas. Em 1922, Olegário Mariano publicou o livro de poemas *Cidade Maravilhosa*, chegando a alcunhar o Rio de Janeiro como a cidade do amor e da loucura.

QUE GENTE É ESSA?

O sucesso da marcha carnavalesca "Cidade maravilhosa", composta por André Filho e lançada no carnaval de 1935, por Aurora Miranda, inspirada no programa de rádio *Crônicas da Cidade Maravilhosa*, apresentado por Cesar Ladeira, acabou consagrando a expressão com o sentido de exaltação que tem até hoje.

Confesso, porém, que minha visão da "cidade maravilhosa" é mais parecida com a dos foliões do carnaval de 1904: aquela do turbilhão pulsante em que o horror e o sublime caminham juntos, em que a natureza é um ringue em que se enfrentam a Paris Tropical e os cães sem dono, em que táticas de sobrevivência são forjadas cotidianamente, em que os ungidos caçam os endemoninhados, que ainda assim resistem, em que as carrocinhas ganham novas configurações e continuam vendo a urbanidade a partir do tripé que o carnaval denunciou: agarra, cerca e segura.

O que nos mantém, aos trancos e barrancos, é ainda a cidade que fez Lima Barreto, com pouquíssimas razões para demonstrar algum tipo de otimismo, bendizer a humanidade; aquela que só continua porque é tecida nas artes de dar guarida ao Jupi na hora em que a carrocinha passa na rua.

37. DENDEZEIRO E BAOBÁ

"Ela apagou o ponto, saravou o congá
Se despediu dos filhos
Pegou o seu patuá
Sacudiu a sua saia
Deixou poeira no chão."

– Ponto de preta velha

AS RUAS encantam a vida na miudeza que ninguém suspeita. Em certa ocasião deixei meu filho na escola, no entroncamento entre a praça da Bandeira e o Estácio, e parti atrás de um pastel de feira na Morais e Silva, no Maracanã. Crianças pintavam o muro de um colégio e duas moças passavam correndo, temendo um camundongo que atravessava a Professor Gabizo. Na feira, o vendedor de frutas cantou com voz de pregoeiro: "Saudade, amor, que saudade!" A verdureira da barraca em frente respondeu na lata: "Que me vira pelo avesso, e revira meu avesso." Os dois continuaram a levar o samba de d. Ivone Lara e Hermínio Bello de Carvalho. A feira aplaudiu.

O CORPO ENCANTADO DAS RUAS

Dona Ivone Lara reunia em seu canto a enzima ancestral da Aruanda, o candeeiro de vovó Cambinda, as sonoridades florestais de Villa-Lobos, a redenção pela arte de Nise da Silveira, a presença de d. Eulália, o cheiro dos cajus, as sapiências e adivinhas dos caroços do dendê e a simplicidade soberana dos dendezeiros. Ao vê-la, eu imaginava estar diante de uma jeliya do império Mali.

As jeliyas eram as cantoras do povo mandinga, com raízes na fundação do império do soberano Sundiata Keita, lá pelos idos do século XIII. Diz a tradição que Sundiata recebeu de Sogolon, a mulher-búfalo, a bengala da força e da profecia; atributos que manifestou ao abraçar sozinho e tirar do chão um grande baobá, a árvore da coesão e do mistério.

Herdeiras do poder de Sogolon, as jeliyas eram aquelas que aprendiam e transmitiam pelo canto as histórias dos ancestrais, como caminho de manutenção da comunidade e transmissão dos saberes. Eram elas, ainda, as guardiãs e cuidadoras das grandes árvores.

A cosmogonia mandinga diz que o mundo terrestre, Dunya, não nasceu como súbita criação, mas como um parto longo e complicado, em que todas as possibilidades que marcam um nascimento (amor, dor, angústia, incerteza, alegria, risco, luz, água) se apresentam. O mundo não é natural, é primordial-mente sobrenatural, mas se manifesta como um espaço para o acolhimento das mulheres e dos homens que respeitam e se integram ao que não é humano através da palavra e do canto.

Ocorreu-me citar a tradição das sábias pretas mandingas em virtude da morte, em abril de 2018, de d. Ivone, grande senhora

DENDEZEIRO E BAOBÁ

da canção brasileira, sabedora dos batuques que, cruzando o oceano nas asas do tiê, civilizaram o Brasil e transformaram o horror em invenção de mundo. As nossas jeliyas são mães de santo e do samba, líderes comunitárias, mantenedoras dos segredos e das histórias das mais velhas e dos mais velhos; o que precisa ser contado às crianças.

A morte física da grande mãe do samba é o detalhe menos importante. A morte como o irreversível cessamento das atividades biológicas, sucedida pela decomposição dos sistemas, é pouca coisa. Tudo que vive tem que morrer. Tudo que morre pode viver pela palavra, pela celebração dos ritos de lembrança e pelo arrebatamento. Tem morto mais vivo e dançando mais do que muito vivo que, ainda que respire, morreu: essa gente que não dança.

Naquele dia de feira, depois de ouvir o samba cantarolado pelos feirantes, tracei meu pastel com caldo de cana e segui com a fé renovada nas miudezas provisórias da rua e na eternidade das grandes árvores que atravessam os tempos: d. Ivone é baobá enraizado na voz da rua.

38. BATUQUEIRO

"Batuca no chão sem pena
Batuca no chão sem dó
Batuca no chão, morena
Que o chão é o povo que vira pó
Ai, morena, o chão é o povo que vira pó."

– "Batuca no chão", Ataulfo Alves e Assis Valente

AS RUAS têm *mooyo*, e o malandro batuqueiro número um do samba do Brasil, Wilson das Neves, falecido em agosto de 2017, tinha no *mooyo* o molho.

O médico e intelectual congolês Kia Bunseki Fu-Kiau – um daqueles autores africanos que, de forma estapafúrdia, é pouco conhecido no Brasil – afirma, ao estudar a cosmogonia dos bantos, que qualquer povo tem seu *mooyo*, a energia vital. Para esse grupo, incorporar símbolos, ritos, crenças, entidades e valores de outros povos pode significar aumento do nosso próprio *mooyo*, sem que isso represente o abandono das crenças originais. Desde que proporcionem saúde, fecundidade,

O CORPO ENCANTADO DAS RUAS

estabilidade, harmonia e prosperidade, todas as experiências de acúmulo de força vital são benéficas, inclusive na música, encarada como uma arte sagrada que conversa com os deuses e alimenta a energia das mulheres, dos homens e das crianças.

A trajetória de seu Wilson das Neves é um exemplo contundente disso. Filho de uma baiana do Império Serrano, frequentador, desde garoto, dos desfiles das escolas de samba na praça Onze e dos terreiros de macumba cariocas, ele cresceu sabendo que os tambores contam histórias para que os corpos respondam. Apaixonado pelas jazz-bands, a partir delas enamorou-se da bateria e fez das baquetas as parceiras inseparáveis de vida.

Seu Wilson começou a frequentar, na década de 1940, o "ponto dos músicos", na praça Tiradentes. Passou a tocar profissionalmente na década de 1950, na orquestra do Dancing Brasil, e não parou mais. Tocou de tudo, com todo mundo, e teve uma trajetória inseparável da história da indústria fonográfica brasileira. Em 1996, surpreendendo muita gente, lançou-se como cantor de suas composições. Com a manha de quem conviveu com a linha de frente da música brasileira, mostrou-se o melhor intérprete de suas músicas, com a divisão malandreada e cheia de borogodó das cobras criadas do canto brasileiro.

O fundamento da música do mestre Wilson das Neves encontra-se nas rodas de samba, nos terreiros de candomblé e umbanda e nos desfiles do Império Serrano. Em sua trajetória, foi músico, compositor, cantor, ator e dançarino, já que trazia no corpo o segredo miudinho do samba. Tudo isso foi incorporado, ao longo da vida, ao seu *mooyo*, aquela energia vital citada no início do texto.

BATUQUEIRO

Sambista maiúsculo, ele permanecerá como um dos grandes nomes da mais impactante aventura civilizatória brasileira: aquela que transformou o infame pau de bater nos corpos escravizados em baqueta de bater no couro do tambor para, percutindo o chamado aos ancestrais do lado de lá do oceano, inventar novamente o mundo a partir da rua.

39. VEM DA LUA DE LUANDA

"Ê Luanda, terra da macumba, do batuque
E do canjerê. Êh!
Eu vou bater tambor
Pra chamar meu protetor."

– Ponto de preto velho

AS RUAS de Duque de Caxias, cidade da Baixada Fluminense, já viram e ouviram coisas de que até Deus duvida. Caxias foi a terra de Tenório Cavalcanti, o Homem da Capa Preta, do terreiro do pai de santo baiano Joãozinho da Gomeia e de escolas de samba como a saudosa Cartolinhas de Caxias e a atual Acadêmicos do Grande Rio. Foi cenário de *O amuleto de Ogum*, grande filme de Nelson Pereira dos Santos, e tem ainda uma feira popular em que o cidadão encontra qualquer coisa que exista sobre a face da Terra.

Certa feita tive a alegria de falar para uma turma dos Pimpolhos da Grande Rio, a escola-mirim de Caxias, sobre os toques sagrados das macumbas e suas relações com o samba.

O CORPO ENCANTADO DAS RUAS

Uma pergunta boa que a garotada fez foi qual seria o toque sacro afro-brasileiro mais próximo do samba.

Sou daqueles que acham que um dos fundamentos do samba é a capacidade de transitar naquele fabuloso terreno em que o sagrado é profanado e o profano é sacralizado o tempo todo. Nesse sentido, para saber do ritmo que embala as escolas de samba, o negócio é beber nas águas das sonoridades dos bantos e entender como certas pitadas iorubás entraram nisso, se amalgamando numa teia de sonoridades arrebatadora.

Como sempre ressalto nas minhas falas e textos, as escolas de samba e terreiros eram, em larga medida, extensões de uma mesma coisa: instituições associativas de invenção, construção, dinamização e manutenção de identidades comunitárias, redefinidas no Brasil como invenções potentes a partir da fragmentação que a diáspora negreira impôs. O tambor é talvez a ponte mais sólida entre o terreiro e a avenida.

Apenas a título de esclarecimento, vale informar que por bantos designamos mais de trezentos grupos que habitam regiões da África ao sul do deserto do Saara e ocupam uma extensa região que se estende da baía de Biafra, no oceano Atlântico, até Melinde, no Índico. Em relação ao Brasil, grande parte dos bantos que aqui chegaram são oriundos da região centro--africana do Congo e de Angola.

Nas casas de rituais do chamado candomblé de Angola (e do vasto complexo de ritos angolo-congoleses que podem ser chamados de muxicongos e se abrasileiraram nessa nossa salada de cultos e sons), o repertório dos atabaques se estrutura em torno, sobretudo, de três ritmos: barravento, cabula e congo.

VEM DA LUA DE LUANDA

Cada um deles apresenta variações, como é o caso da muzenza em relação ao barravento.

Em comparação aos toques de quetu (o candomblé do culto aos orixás iorubás), os toques de Angola são mais soltos; mais propícios inclusive ao improviso. Inquices e caboclos podem ser evocados por qualquer um dos toques básicos e suas variações. No quetu, a ligação dos toques com cada orixá é mais rígida.

Partindo desses princípios, respondi à pergunta que me foi feita pelos pimpolhos, ressaltando que o toque de cabula é um dos ritmos ancestrais que estão na base do samba brasileiro, que por sua vez influenciou a maneira como se toca cabula. É só escutar para sentir a mumunha. O profano lambuzado de sacralidades e o sagrado profanado; o samba.

Ao longo dos tempos, o samba foi, em larga medida, desafricanizado e desmacumbado para, já domesticado, ser digerido pela indústria fonográfica e cooptado pelo Estado como elemento do processo de construção da identidade nacional pelo consenso apaziguador da mestiçagem cordial.

Não há, todavia, quem escute um toque de cabula e não perceba a linha de ancestralidade que vem das terras da lua de Luanda, aquela mesma que iluminou a quizomba de 1988 da Unidos de Vila Isabel – desfile campeão que tanto celebrou a presença dos bantos no Brasil –, no centenário da abolição da escravatura, para iluminar a rua.

40. OS RIOS, O RIO

"O boto saiu do rio
E foi morar na aldeia
Quem vê o boto, morena
Quem vê o boto é sereia."

– Ponto de encantaria

AS RUAS do Rio de Janeiro podem se encontrar, na encruzilhada do Brasil, com rios que são ruas. Meu filho estava dia desses lendo um livro sobre o Amazonas e pediu que eu contasse uma história do rio. A primeira coisa que fiz foi mostrar o samba que a Unidos de Padre Miguel apresentou no carnaval de 2018, contando as histórias encantadas das águas do Norte. Depois eu disse ao moleque que, para os velhos barqueiros do Amazonas, o segredo da felicidade é mais simples do que pensamos. Basta que a pessoa busque a margem do rio ao sol do entardecer e deixe que sua sombra reflita num perau qualquer. Se nesse momento um boto vermelho atravessar o rio e cortar a sombra, a pessoa ficará "botada", marcada para todo o sempre pelo espírito do boto.

O CORPO ENCANTADO DAS RUAS

Para que o encantamento seja completo, é necessário que, ao morrer, o corpo de quem foi marcado pelo espírito do boto seja oferecido às águas por algum parente ou amigo. Se assim acontecer, Iara transformará a pessoa em um boto vermelho. Eis a suprema felicidade: a pessoa viverá encantada, desejando o bem do mundo para os seus. Quem pretende ser feliz, ensinam os caboclos da beira d'água, deve se dirigir ao rio nas horas do poente, pois é o momento em que os botos vermelhos suspiram suas artimanhas de delicadezas e felicidades, rememorando faceiros seus amores de quando eram homens e mulheres viventes. Invejo os ribeirinhos e as crendices do rio.

Pai Francelino de Shapanan, Abê Olokun, lembrava lindamente que para o povo do tambor de mina o encantado não é o espírito de um humano que morreu, perdeu seu corpo físico. O encantado é aquele que se transformou, tomou outra feição, nova maneira de ser, encantou-se em uma nova forma de vida, numa planta, num peixe, num animal, no vento, na folha, num rio. Exemplifico citando o Maranhão: nas praias do Itaqui, do Olho d'Água e da Ponta d'Areia moram a Princesa Ína, a Rã Preta e a Menina da Ponta d'Areia. A pedra de Itacolomi é a morada de João da Mata, o rei da Bandeira. A praia dos Lençóis é do Rei Sebastião; a Mãe-d'Água passeia nas pontas de Mangunça e de Caçacueira. Nas matas de Codó vivem Dom Pedro Angasso e a Rainha Rosa. É lá que Légua Boji Boá comanda as caboclas e os caboclos de sua guma.

Heidegger adorava os "Rios", de Hölderlin, sobretudo quando o poeta dizia que o rio peregrina e funda a ideia de

OS RIOS, O RIO

natalidade. Pertencimento, em suma. Da sensação de que pertencemos ao rio e ao lugar por onde o rio passa e sempre fica, vem a sacralidade dos cursos das águas. Para aquele que Heidegger chama de homem da "técnica", todavia, o rio é o objeto presentificado. Serve apenas para ser manipulado objetivamente, em virtude dos interesses materiais concretos dos homens. O outro rio, o que vela e desvela, o que peregrina e manifesta o sagrado (aquilo que Hölderlin chama de "festa" em que os deuses vêm como convidados), é detestado pelo homem da técnica; um desencantador por excelência.

Na encruzilhada em que escuto o tambor de mina, deliro as encantarias, penso nos barqueiros do Amazonas, ouço o samba e leio os alemães, concluo que o Brasil é um país que mata seus rios. Eles certamente já agonizavam em sua condição de rios que fundam a natalidade e possibilitam a festa dos deuses. Agora morrem também como rios vistos objetivamente pela técnica e implacavelmente assassinados pelos próprios homens da técnica. Ninguém mais fala do rio Doce, de Mariana, de Brumadinho, da lama.

Desencantados (para alguns) e imprestáveis (para outros), os rios do Brasil aparentemente já não são. Não têm nem as duas margens da técnica nem a terceira margem, aquela do encantamento da canoa do velho pai do conto de Guimarães Rosa. Neles não moram mais os ajuremados do tambor brasileiro nem os deuses da festa do poeta alemão. Pelo andar da carruagem, em breve não morarão nem mais as mulheres, as crianças e os homens.

O CORPO ENCANTADO DAS RUAS

A coisa está feia, mas o meu time é feito aquele dos versos do Capiba: madeira de lei que o cupim não rói. De minha parte, insistentemente alumbrado de Brasil nos meus amores, eu disse ao meu filho que sempre que posso espio, nos escondidos do sol, o Maracanã, rio da nossa aldeia, com jeito de esgoto e podridão, perto do estádio criminosamente assassinado. Como fede o rio, como dói a arena boçal construída no lugar do gigante que era maior que o mundo. Passam por ele, rio sujo, detritos diversos, merdas e saudades do país que já não há. Mas não duvidem que por ele pode passar despercebido, no meio do lixo, um boto vermelho nos infinitos: encantado ao som de um tambor de rua.

41. CONTRA O TIRO, A FLAUTA E O FOLE

"O tempo foi o meu mestre
Que me ensinou a curar.
Passei três dias de bruços
Debaixo do Humaitá
Quando eu me alevantei:
No tempo eu tou pra curar."

– Ponto de encantaria aos mestres do tempo

AS RUAS chamam, mas vez por outra precisamos de um descanso dentro de casa. Por isso, abri uma cerveja, sentei-me na frente do computador para escrever e coloquei na vitrola Luiz Gonzaga cantando "Algodão". Depois parti para o disco *Pixinguinha e sua banda*, lançado em 1968 pela RCA, com arranjos do gênio para o melhor repertório das festas juninas do Brasil. No meio das aventuras de São Pedro, São João e Santo Antônio, rajadas de metralhadora cortaram a noite, pertinho de casa, e se confundiram com o som que vinha da vitrola. Delirei que eram fogos

O CORPO ENCANTADO DAS RUAS

dos santos de junho fora de época interagindo com os baiões de Lua e os fraseados de Pixinguinha, mas eram tiros mesmo.

Nessas situações em que o bicho pega, a sensação de estar relativamente protegido em casa se mistura com uma reza que, de tão fervorosa, não se pronuncia. Um pedido de proteção para as trabalhadoras, os trabalhadores e as crianças brasileiras submetidas, na linha de tiro, ao berro das armas, quando poderiam e deveriam estar sujeitados apenas aos contracantos de Pixinguinha e ao fole de seu Luiz.

Nada parece mais emblemático da cidade do Rio de Janeiro de hoje que essa insólita mistura: as sonoridades de choros, sambas, rojões, polcas e baiões cortadas por uma metralha ferindo a noite. A flauta de Pizindim e a arma assassina parecem amalgamadas, coladas na alma da Guanabara. Flor e faca afiada, aldeia de afagos e pancadas, terra do Periquito Maracanã e do Maracanã, adeus: o Rio.

O que tinha de ser já era, como no samba do Mauro Duarte? Não. Eu insisto na cidade de Pixinguinha, um sujeito que fez um sarapatel com pitadas de Bach, pimenta das praias africanas, macumbas cariocas, sonoridades suburbanas, pegada das big bands norte-americanas, malícia das chulas raiadas, polcas europeias e modinhas dos *portugais* que nos fizeram também.

Como o primeiro carioca de uma família nordestina, insisto mais ainda na cidade do encontro entre Pixinguinha e Luiz Gonzaga, pernambucano que viveu boa parte da vida no Rio de Janeiro, entre o São Carlos e a Ilha do Governador. O miudinho que vos escreve, afinal, admira honestamente e quer conhecer cada vez mais os museus e as grandes artes. Só que meu coração

CONTRA O TIRO, A FLAUTA E O FOLE

fica com a felicidade de pião rodando e pipa debicada quando os pés pisam a terra onde a avó cantou e o avô molhou a goela com água que passarinho não bebe.

O chão brasileiro (brasileiro sim, ora pitombas, que parece não andar na moda escrever isso em um país que parece se desmanchar) é aquele que ilumina os olhos e rega o peito nos arroubos das floradas; feito as que florescem nas matas cariocas e entre Exu e Santana do Cariri, na serra do Araripe, onde Luiz nasceu em noite de zelação para delírio do velho Januário.

Não vejo saída para a cidade e o país fora das lutas, saberes e fazeres cotidianos das mulheres e homens comuns, aqueles que dão sentido à aventura de prosseguir no escuro. Na flauta e no fole. O resto eu entrego aos caprichos do destino, zeloso de que me guiou até aqui a sabedoria incerta e adivinhada de um amor maior do que o mundo pelo chão. Um amor do tamanho da chapada do Araripe e da rua Belarmino Barreto, entre Ceará, Pernambuco e as sesmarias sonoras de Olaria e Ramos, onde Luiz Gonzaga foi batizado nas rogações da boa sorte, Pixinguinha viveu e certo Brasil foi inventado no ritmo do zabumba e nas harmonias dos corações suburbanos no compasso encantado da rua.

42. O SENHOR DA FOLHA SERENADA

"Caiu uma folha na Jurema
Veio o sereno e molhou
E depois veio o sol
Enxugou, enxugou
E a sua mata
Se abriu toda em flor."

– Ponto de caboclo

AS RUAS celebram umbanda, religião que comemora o seu mito de origem no dia 15 de novembro e pode ser percebida como um resultado do amálgama entre os ritos de ancestralidade dos bantos, calundus, pajelanças indígenas, catimbós (o culto fundamentado na bebida sagrada do tronco da jurema), encantarias, elementos do cristianismo popular ibérico e do espiritismo kardecista. Seus saberes moram na encruzilhada da cristianização dos ritos africanos e da africanização do cristianismo, com o tempero profundamente indígena, acrescentado aos poucos por diversas contribuições.

O CORPO ENCANTADO DAS RUAS

Mas vamos ao mito de origem. A versão mais famosa para a criação da umbanda transita em torno do dia em que no distrito de Neves, na cidade de São Gonçalo, Rio de Janeiro, o jovem Zélio Fernandino de Moraes sofreu uma paralisia inexplicável. Zélio teria, depois de certo tempo, se levantado e anunciado a própria cura. A mãe do rapaz o levou a uma rezadeira conhecida na região, que incorporava o espírito do preto velho Tio Antônio.

Tio Antônio disse que Zélio era médium e deveria trabalhar esse dom. No dia 15 de novembro de 1908 (algumas versões sugerem que o fato teria ocorrido em 1907), por sugestão de um amigo do pai, Zélio foi levado à Federação Espírita de Niterói. Subvertendo as normas do culto, Zélio levantou-se da mesa em que estava e disse que ali faltava uma flor. Foi até o jardim, apanhou uma rosa branca e colocou-a, com um copo de água, no centro da mesa de trabalho.

Ainda segundo a versão mais famosa, Zélio incorporou um espírito e simultaneamente diversos médiuns presentes receberam caboclos, índios e pretos velhos. Instaurou-se, na visão dos membros da Federação Espírita, uma confusão sem precedentes. Ao ter a atenção chamada por um dirigente da Federação Espírita, o espírito incorporado em Zélio perguntou qual era a razão para evitarem a presença dos pretos e caboclos do Brasil, se nem sequer se dignavam a ouvir suas mensagens.

Um membro da Federação inquiriu o espírito que Zélio recebia, com o argumento de que pretos velhos, índios e caboclos eram atrasados, não podendo ser espíritos de luz. Ainda perguntou o nome da entidade e ouviu a seguinte resposta: "Se julgam atrasados o espírito de pretos e índios, saibam que

O SENHOR DA FOLHA SERENADA

amanhã darei início a um culto em que os pretos e índios poderão dar sua mensagem e, assim, cumprir a missão que o plano espiritual lhes confiou. E se querem saber meu nome, que seja este: caboclo das Sete Encruzilhadas, porque não haverá caminhos fechados para mim."

É sintomático que a umbanda tenha começado a estruturar o seu culto em um momento singular dos debates sobre a construção da identidade nacional: o pós-abolição e as primeiras décadas da República. Em certo sentido, o que o caboclo das Sete Encruzilhadas anuncia não é só a religião. A chegada dos pretos velhos, dos caboclos, do povo de rua, da linha dos ciganos, dos boiadeiros, dos baianos aos terreiros do Brasil diz muito sobre a história do samba, da capoeira e da popularização do futebol. Diz ainda sobre a inviabilidade de se pensar a identidade nacional com a confortável fixidez que os ideólogos do branqueamento racial e os gestores do projeto colonial, continuado pela República, sugeriam no período.

A história da umbanda e os significados do seu mito fundador contam muito sobre os tensionamentos da formação brasileira. Há um país oficial que ainda tenta silenciar os índios, os caboclos, os pretos, os ciganos, os malandros, as pombagiras (mulheres donas do próprio corpo em encanto) e todos aqueles vistos como estranhos por um projeto colonial amansador de corpos, disciplinador de condutas e aniquilador de saberes.

A umbanda está em crise, espremida pelo preconceito e pelas ações terroristas de ataques aos terreiros por determinadas designações neopentecostais. É ainda desqualificada por discursos essencialistas que erguem bandeiras de purezas no meio da encruzilhada em que o Brasil foi assentado. Sofre também

O CORPO ENCANTADO DAS RUAS

do desprezo que o monorracionalismo viciado e eurocêntrico nutre pela multiplicidade de suas potências.

Apesar disso, ou por isso mesmo, afirmo que o caboclo das Sete Encruzilhadas permanece sendo um poderoso intelectual brasileiro. Nunca achei mera coincidência que seu brado insubmisso tenha sido lançado no aniversário da Proclamação da República. Seu protesto gritado na ventania, suas flechas atiradas na direção da mata virgem clamam por uma aldeia que reconheça a alteridade, as gramáticas não normativas, as sofisticadas dimensões ontológicas dos corpos disponíveis para o transe, a generosidade dos encontros, as tecnologias terapêuticas e populares do apaziguamento das almas pela maceração das folhas e pela fumaça dos cachimbos do Congo.

É ainda o brado mais que centenário do caboclo das Sete Encruzilhadas que joga na cara do Brasil, como amarração, nosso desafio mais potente: chamem os tupinambás, os aimorés, os pretos, os exus, as pombagiras, as ciganas, os bugres, os boiadeiros, as juremeiras, os mestres, as encantadas, as sereias, os meninos levados, os pajés, as rezadeiras, os canoeiros, as pedrinhas miudinhas de Aruanda. Chamem todas as gentes massacradas pelo projeto colonial (e cada vez mais atual) de aniquilação. A pemba risca os ritos desafiadores de afirmação da vida.

Ao cultuar (aparentemente) os mortos, é exatamente contra a morte que o brado e a flecha do caboclo ainda ressoam: quem encantou a sucuri, macerando no toco a folha serenada, despertou de beleza a mata escura.

A história exemplar da umbanda é um ponto riscado de louvação aos excluídos pelo Brasil oficial: o país da rua.

REFERÊNCIAS BIBLIOGRÁFICAS

ABREU, Mauricio de. *A evolução urbana do Rio de Janeiro.* Rio de Janeiro: IPLAN, 2008.

ANDREATO, Elifas; RODRIGUES, João Rocha. *Brasil: almanaque de cultura popular.* São Paulo: Ediouro, 2009.

BOTTINI, Etore. *Mãe da rua.* São Paulo: Cosac Naif, 2007.

CARNEIRO, Edison. *Religiões negras/Negros bantos.* Rio de Janeiro: Civilização Brasileira, 1981.

CARVALHO, José Murilo de. *Os bestializados: o Rio de Janeiro e a República que não foi.* São Paulo: Companhia das Letras, 1987.

CASCUDO, Luís da Câmara. *Dicionário do folclore brasileiro.* São Paulo: Melhoramentos, 1980.

COSTA E SILVA, Álvaro. *Dicionário amoroso do Rio de Janeiro.* Rio de Janeiro: Casarão do Verbo, 2018.

DEALTRY, Giovanna. *No fio da navalha.* Rio de Janeiro: Casa da Palavra, 2009.

RIO, João do. *A alma encantadora das ruas.* São Paulo: Companhia de Bolso, 2008.

FAUSTINI, Marcus. *Guia afetivo da periferia.* Rio de Janeiro: Aeroplano, 2009.

O CORPO ENCANTADO DAS RUAS

SANTOS, Carlos Nelson Ferreira dos; VOGEL, Arno. *Quando a rua vira casa: a apropriação de espaços de uso coletivo em centro de bairro*. São Paulo: Projeto, 1985.

FRANCESCHI, Humberto M. *Samba de sambar do Estácio: 1928 a 1931*. São Paulo: Instituto Moreira Salles, 2010.

GERSON, Brasil. *História das ruas do Rio*. Rio de Janeiro: Brasiliana, 1966.

LIGIERO, Zeca. *Malandro divino*. Rio de Janeiro: Nova Era, 2004.

LIMA BARRETO. *Obra reunida*. 3 v. Rio de Janeiro: Nova Fronteira, 2018.

LIRA, Marisa. *Migalhas folclóricas*. Rio de Janeiro: Lammert, 1951.

LOPES, Nei. *Dicionário da hinterlândia carioca*. Rio de Janeiro: Pallas, 2012.

_____. *Guimbaustrilho e outros mistérios suburbanos*. Rio de Janeiro: Dantes, 2001.

MARTINS, Ronaldo M. *Mercadão de Madureira: caminhos do comércio*. Rio de Janeiro: Condomínio do Entreposto Mercado do Rio de Janeiro, 2009.

MOURA, Roberto. *Tia Ciata e a Pequena África no Rio de Janeiro*. Rio de Janeiro: Secretária Municipal de Cultura, 1995.

PAEZZO, Silvan. *Memórias de Madame Satã*. Rio de Janeiro: Lidador, 1972.

REBELO, Marques. *Contos reunidos*. Rio de Janeiro: Nova Fronteira, 2002.

_____. *Marafa*. Rio de Janeiro: José Olympio, 2012.

REFERÊNCIAS BIBILIOGRÁFICAS

RUFINO, Luiz. *Histórias e saberes de jongueiros*. Rio de Janeiro: Multifoco, 2014.

SEVCENKO, Nicolau, *Literatura como missão: tensões sociais e criação cultural na Primeira República*. São Paulo: Brasiliense, 1983.

SIMAS, Luiz Antonio. *Pedrinhas miudinhas: ensaios sobre ruas, aldeias e terreiros*. Rio de Janeiro: Mórula, 2013.

———. *Coisas nossas*. Rio de Janeiro: José Olympio, 2017.

———. *Almanaque brasilidades*. Rio de Janeiro: Bazar do Tempo, 2018.

SIMAS, Luiz Antonio; RUFINO, Luiz. *Fogo no mato: a ciência encantada das macumbas*. Rio de Janeiro: Mórula, 2018.

SOIHET, Rachel. *A subversão pelo riso*. Rio de Janeiro: Fundação Getulio Vargas, 1998

SPÍRITO SANTO. *Do samba ao funk do Jorjão: ritmos, mitos e ledos enganos no enredo de um samba chamado Brasil*. Petrópolis: KBR, 2011.

VELLOSO, Mônica Pimenta. "As tias baianas tomam conta do pedaço: espaço e identidade cultural no Rio de Janeiro". *Estudos Históricos*. Rio de Janeiro, v. 3, 1989.

———. *As tradições populares na belle époque carioca*. Rio de Janeiro: Funarte, 1988. Vozes, 1988.

VIANNA, Luiz Fernando. *Geografia carioca do samba*. Rio de Janeiro: Casa da Palavra, 2004.

ZALUAR, Alba; ALVITO, Marcos (orgs.). *Um século de favela*. Rio de Janeiro: Fundação Getulio Vargas, 1999.

*O texto deste livro foi composto em
Garamond Pro, em corpo 11/16*

*A impressão se deu sobre papel off-white
pelo Sistema Cameron da Divisão Gráfica
da Distribuidora Record.*